O QUE É NARRAR?

E OUTROS ENSAIOS

J. H. Dacanal

O QUE É NARRAR?

E OUTROS ENSAIOS

1ª edição / Porto Alegre-RS / 2021

Capa e projeto gráfico: Marco Cena
Revisão: J. H. Dacanal
Produção editorial: Maitê Cena
Assessoramento gráfico: André Luis Alt

Dados Internacionais de Catalogação na Publicação (CIP)

D117q Dacanal, J. H.
　　　　O que é narrar? E outros ensaios. / J. H. Dacanal. - Porto Alegre: BesouroBox, 2021.
　　　　120 p. ; 14 x 21 cm

　　　　ISBN: 978-65-990353-6-4

　　　　1. Literatura brasileira – estudo e ensino. 2. Narração. 3. Narrativa. I. Título.

　　　　　　　　　　　　　　　　　　　　　　　　　CDU 821.134.3(81)-3

Bibliotecária responsável Kátia Rosi Possobon CRB10/1782

Direitos de Publicação: © 2021 Edições BesouroBox Ltda.
Copyright © J. H. Dacanal, 2021.

Todos os direitos desta edição reservados à
Edições BesouroBox Ltda.
Rua Brito Peixoto, 224 - CEP: 91030-400
Passo D'Areia - Porto Alegre - RS
Fone: (51) 3337.5620
www.legiaopublicacoes.com.br

Impresso no Brasil
Janeiro de 2021.

SUMÁRIO

Nota prévia 7

I   O que é narrar? 9

II   A eloquência do silêncio:
o *doutor* em *Grande sertão: veredas* 33

III   A arte, o artista e o poder 49

IV   Sobre os gêneros literários 69

V   Traduções 97

Nota prévia

Os textos a seguir são o resultado, ainda que um tanto tardio e periférico, de mais de meio século de atividade no magistério e no jornalismo, o que fica explícito nos temas e no estilo, respectivamente. Quanto aos primeiros, não tenho a pretensão de dizer algo que, de uma ou de outra forma, não se encontre em Platão, Aristóteles e Horácio – entre os antigos – e em Hauser, Jaeger e muitos outros – entre os modernos.

Quanto ao estilo, o tom coloquial/confessional eventualmente presente não é uma infantil – ou senil... – tentativa de *captatio benevolentiae*. E pode justificar-se, creio, de um lado, por registrar episódios efetivamente vividos e, de outro, por espanar a aridez de alguns pretensos teóricos – nativos e outros! – que, sob o manto de uma erudição quase sempre falsa e de uma forma arrevesada e obscura, apenas encobrem a vacuidade e a ignorância. Porque o adequado e aconselhável é seguir sempre a lição implícita e não raro explícita dos clássicos: É fácil escrever difícil. Difícil é escrever fácil.

Em março de 2020,
J. H. Dacanal

I
O QUE É NARRAR?

NARRAÇÃO E NARRATIVA: NATUREZA E FUNÇÕES

No final da década de 1970, uma sequência de eventos de ordem pessoal fizeram com que, a partir de determinado momento, me perguntasse reiteradamente sobre a natureza da *narração* – ou *ato de narrar*. Em outros termos: sobre os móveis da compulsão que, em circunstâncias específicas, domina os indivíduos da espécie humana[1] e os impele a relatar a outros suas experiências recentes. Por outro lado, na função de professor de Literatura Brasileira por quase três décadas, a eficiência pedagógica e o interesse pessoal por temas históricos e políticos levaram-me a dar preferência à análise do romance, que, da primeira metade do séc. XIX até meados da segunda do séc. XX, apresenta um amplo e caleidoscópico painel do país, particularmente das cidades da costa atlântica e de suas imediações.

---

[1] Segundo biólogos e outros especialistas, este fenômeno pode ser observado também em outras espécies. Seja como for, esta questão não será tratada aqui.

Por fim, por volta de 1988, ao iniciar um projeto de tese de doutorado sobre *Grande sertão: veredas*, pensei em utilizar alguns conceitos sobre *narração* e *narrativa* anteriormente elaborados.

À época, por questões aqui despiciendas, o projeto da tese não avançou[2] e meus rascunhos acabaram sendo postos de lado e *adormecendo* por cerca de três décadas, à parte alguns elementos referidos à questão dos *gêneros literários* e por mim inseridos nos capítulos introdutórios da edição ampliada do *Curso de Literatura Brasileira* do prof. Sergius Gonzaga.[3]

Recentemente, relendo aqueles textos, julguei terem eles algum valor didático e decidi retomá-los, dando-lhes, creio, versão definitiva, a seguir apresentada.

---

[2] O projeto seria retomado apenas muitos anos depois, mas sobre outro enfoque, do qual resultou *Riobaldo e eu: a roça imigrante e o sertão mineiro* (Porto Alegre: BesouroBox, 2014).
[3] Porto Alegre: Leitura XXI, várias edições.

INTRODUÇÃO

Diversamente de Aristóteles – o fundador do método científico –, que, segundo veremos adiante,[4] tem por objetivo em *A poética* identificar, analisar e sistematizar o conjunto dos fenômenos que fazem parte do que ele denomina *a arte da linguagem*, nos parágrafos que seguem nos ocuparemos exclusivamente com *a narração*, ou *ato de narrar*, e com seu *produto*, *a narrativa*, mas ampliando o ângulo de visão, para tentar compreender melhor as variáveis envolvidas nos dois fenômenos. Com este objetivo, depois da apresentação de um evento hipotético/fictício, passaremos à análise dos conceitos em questão. Desde já, porém, faz-se necessário definir e estabelecer, com um mínimo de rigor, a semântica – isto é, o sentido – dos termos fundamentais utilizados ao longo da exposição.

---

[4] V. p. 71 ss.

Por *narração* entende-se aqui o fenômeno abstrato/genérico – *em potência*, diria Aristóteles – que se materializa no ato de um indivíduo da espécie humana narrar, isto é, expor algo a outro(s), de forma articulada/compreensível, através de sons (palavras).[5] Por *narrativa* entende-se o fenômeno concreto/singular (*em ato*) resultante da capacidade de narrar. Em um plano mais específico ainda, nesta exposição entende-se por *narrativa* uma das duas[6] formas/partes da arte da linguagem. Com isto fica estabelecido, *a priori* e por definição, que nos ocuparemos aqui da *narrativa* exclusivamente no sentido que o termo *epopeia* possui em *A poética*, deixando à parte, portanto, a oratória e as narrativas de natureza científica, analítica, histórica etc. Como diria Aristóteles, estas estão no campo da objetividade/factualidade, aquela no campo da criação (*póiesis*).

Dito isto, podemos passar à exposição propriamente dita, começando com o exemplo hipotético/fictício antes mencionado.

Na aurora dos tempos...
A noite cai rapidamente sobre a terra e o ar pesado prenuncia a tormenta. Retornando de uma expedição qualquer, a horda primitiva grunhe, grita, fala e, em confusão e tumulto, segue em busca de suas cavernas, ainda distantes. Talvez ferido, ou mais frágil que os demais, um dos integrantes se desgarra do grupo no exato momento em que a fúria dos elementos se desata e varre a terra. Apavorado e sem rumo, ele vaga pela noite negra, enfrentando a chuva torrencial que encharca o solo e apaga as trilhas. Com alguma sorte, descobre um abrigo, onde se havia refugiado um bando de animais. Tomado pelo desespero, os expulsa dali e passa a noite em vigília. E pela manhã, quando as nuvens se abrem e o sol volta a brilhar, procura reorientar-se e, apesar de fraco, parte em direção às cavernas, onde chega ao anoitecer, provocando grande surpresa entre a horda, que, reunida em torno do fogo, já o considerava perdido. Todos cercam o recém-chegado e, entre grunhidos e palavras mais ou menos articuladas – a língua, ainda que rudimentar, já existia, como conjunto de sons convencionados! –, demonstram curiosidade e procuram saber o que acontecera. E ele, muito mais ansioso para falar do que a horda para ouvir, começa a relatar sua espantosa aventura, enquanto os demais silenciam.

---

[5] Evidentemente, como se sabe, gestos e sinais também podem *narrar*. Aqui, porém, nos restringimos especificamente à *narração verbal*.
[6] Ou três. Esta questão será analisada adiante. V. id. ib., adiante.

Concentrando em um átimo de tempo os incontáveis milênios de evolução da espécie, o relato acima, por suposto válido para todo o ecúmeno por ela ocupado, permite analisar sua natureza como um todo e decompô-lo em suas partes.

I – A narração: as componentes

Partindo do pressuposto de que o relato acima apreende com suficiente precisão a natureza da narração, conclui-se necessariamente que esta possui quatro componentes fundamentais: a experiência do narrador, a compulsão deste a extrovertê-la, a capacidade do mesmo de organizar esta extroversão e a presença de um público disposto a ouvi-lo.

1 – A experiência do narrador

A matéria da narração é, genericamente, a experiência humana e, especificamente, a do indivíduo que narra. Porque este é, por definição, parte de um todo, constituído imediatamente por um grupo social determinado no espaço e no tempo e mediatamente pela espécie humana e pelas características que diacronicamente a definem. Estas afirmações são evidências por si. Resta, porém, definir o sentido do termo *experiência*.

Etimologicamente, o substantivo *experiência* vem diretamente do latim *experientia*, que, por sua vez, é derivado do verbo *experior/experiri* (*medir forças, tentar*). Este é um vocábulo duplamente composto, formado pelo verbo *ire* (*ir*) e pelas preposições *e/ex* (*de*, indicando *origem*) e *per* (*por, através*, indicando *lugar* ou *direção*). Por outra parte, o verbo *perire*, um composto simples (*per-ire*), tem o sentido de *morrer*. Daí pode-se concluir que *experientia/experiência* significa originariamente o ato de *ir/ passar através, ultrapassar determinado limite, mudar*. Em última instância, *morrer*.

Experiência, portanto, tem o sentido de *conhecimento*, intuitivo ou racionalizado, adquirido por um indivíduo a partir de eventos, situações ou sensações que o obrigaram a *mudar* (morrer), a ser diferente do que era antes destes eventos, situações ou sensações.

2 – A compulsão à extroversão

A narração, ou *ato de narrar*, é produto da compulsão incoercível do indivíduo a *relatar suas experiências*. A existência desta compulsão não carece de qualquer comprovação, pois pode ser facilmente observada, como fenômeno corriqueiro, por qualquer pessoa, tanto em si própria quanto em outras.

Este fenômeno ocorre quando alguém, tendo sido protagonista, ativo ou passivo, de um evento incomum, perturbador ou violento, busca imediatamente ouvintes aos quais possa relatá-lo, existindo, via de regra, relação direta entre a importância que o evento assume na vida do indivíduo e a urgência com que este busca transformá-lo em matéria de narração.

Os processos bioquímicos ligados à ação dos chamados *neurotransmissores* – que desencadeiam tais reações comportamentais – não serão tratados aqui. Quanto às reações psicológicas deles resultantes – no caso específico, a compulsão à narração –, elas serão mencionadas adiante (em II).

3 – A capacidade de organização

A capacidade de organizar a narração é a de apresentá-la de tal forma que a narrativa – seu produto – seja inteligível aos ouvintes, o que, por definição exige que os eventos sejam ordenados segundo determinada ordem ou sequência.

Considerando que toda narração é feita, em princípio e necessariamente, em primeira ou terceira pessoa e no tempo verbal do passado, a inteligibilidade da mesma depende e decorre, fundamentalmente, da capacidade do narrador de enquadrar os eventos em determinada *ordem temporal*, isto é, referi-los ao tempo físico, estabelecendo uma relação entre eles e a circunvolução dos astros.

Como é facilmente percebido por quem analisar a questão mais detidamente, esta ordenação é, na narração primitiva, sempre direta, quer dizer, os eventos são apresentados pelo narrador na sequência em que, supostamente, ocorreram, começando com o primeiro, continuando com o segundo e assim por diante.[7] A presença deste esquema ordenador fica evidente, por exemplo, a qualquer momento e em qualquer lugar em que adultos simplórios ou crianças estiverem reunidos a conversar. Indefectivelmente, seus relatos tendem a ser paratáticos, isto é, sincopados, unidos por partículas como *daí, e, então* etc., que marcam a ordem dos eventos, ordem esta que, por definição, é sempre *direta*, isto é, em sequência, como foi dito.

4 – A presença do público

Quarta componente básica do fenômeno da narração, a existência de um público ouvinte é a única que, em relação às outras três, é externa ao narrador. Contudo, se tal fator a diferencia tecnicamente das demais, isto não significa que ela seja menos importante. Pelo contrário, porque, como já afirmou implicitamente Aristóteles em *A poética*, a narração é impensável sem um público. Com efeito, pois se os elementos constitutivos da narração pudessem ser reduzidos a seu número mínimo, restariam, como se verá a seguir, apenas dois: o narrador e seu público.

II – A narração: as funções

Analisadas sucintamente as componentes da narração, necessário faz-se agora investigar suas funções.

Estas funções são duas. A primeira, ligada imediatamente ao narrador, pode ser denominada, na ausência de melhor termo, *função psicológica*. A segunda, que, partindo do narrador, se amplia para a esfera coletiva – isto é, o grupo social do qual o narrador é parte –, pode e deve ser denominada *função política*.

---

[7] Obviamente, quando esta sequência for rompida, necessariamente o narrador terá que, de uma ou de outra forma, torná-la explícita. Se assim não o fizer, a *narrativa* se tornará ininteligível aos ouvintes.

1 – A função psicológica

Entendendo-se aqui por *psicológico* todo fenômeno que fica restrito ao âmbito de um indivíduo isolado – mesmo quando parte de um grupo –, a narração desempenha uma *função psicológica*. Referida, obviamente, ao permanente processo de estruturação/ reestruturação da identidade/personalidade de *cada um* dos membros do grupo. E do próprio narrador, é óbvio.

Com efeito, da parte do narrador, a compulsão à narração nasce da percepção da existência de uma clivagem entre ele e o mundo. E da consequente e incoercível necessidade de superá-la. Assim, como a própria etimologia da palavra o indica, sendo a experiência – que é a matéria da narração – verdadeiramente um processo de morte, de passagem, em que o antigo desaparece e é substituído pelo novo, o narrador atua precisamente naquele espaço que, com alguma afetação terminológica, poderia ser denominado *intervalo de carência*. Pois, como sujeito da experiência, o narrador sente-se – e é – outro que não aquele anterior a ela. Contudo, esta sensação, sendo parte de um processo maior, é imperfeita, já que a própria natureza de *animal social*[8] faz com que tal processo se complete apenas ao ser o narrador assim reconhecido pelo grupo, que, ignorando o sucedido, ainda o via como se o de antes fosse.

Produto, portanto, de um estranhamento com o mundo, a narração é o instrumento através do qual o narrador, revelando-se não mais tal como o era antes da experiência mas sim tal como o é depois dela, reconcilia-se com aquele ao lançar uma ponte sobre o fosso que dele o passara a separar. E assim, ao reconstruí-la, recupera sua identidade e, ato contínuo, se reintegra ao grupo.[9]

---

[8] ξῶον πολιτικόν – Esta famosa definição de Aristóteles é geralmente traduzida por *animal político* ou *social*. Na verdade, nenhum dos dois adjetivos é adequado. Talvez *gregário* seja melhor. Mesmo este, porém, não apresenta a densidade, digamos, ontológica do termo original.

[9] Este processo foi utilizado no passado como instrumento de poder na Igreja católica através do instituto da *confissão* – fosse ela *auricular* (no confessionário), fosse ela *pública* (nos mosteiros e seminários). E mais recentemente nas organizações político-revolucionárias bolcheviques – em suas famosas *sessões de autocrítica* – e em grandes empresas (reuniões de *brainstorming*). Essas práticas não tinham/não

Em sentido inverso e diretamente complementar ao papel do narrador, da parte dos ouvintes corresponde um movimento de empatia com a narração. Pois, pelo próprio fato de ser aceita como tal, ela tem sua matéria – que é a experiência do narrador – elevada à categoria de paradigma das experiências dos ouvintes, integrantes do grupo do qual, por suposto, ele, o narrador, faz parte. Desta forma, reagindo à ação do narrador – que, ao se instituir como tal, define seus ouvintes como seu grupo, como o *locus* em que ele pode (re)encontrar sua identidade –, a comunidade o aceita como tal, pois do contrário não o ouviria, e o (re)integra em seu seio, fechando um movimento circular, ou de duplo espelhamento, que vai não apenas do narrador a cada um dos ouvintes e de cada um destes ao narrador mas também de cada um destes a cada um dos demais, em um processo que é a construção da identidade coletiva, ou grupal. Esta é a *função política* da narração.

---

têm como objetivo apenas obter e controlar informações e dados. Pelo contrário, elas buscavam/buscam, antes de tudo, respectivamente,
a) capitalizar os sentimentos de alívio e paz interior do *penitente*, que, livre de suas culpas, se reconcilia com Deus e com a comunidade;
b) punir, como exemplo para os demais, os *desvios ideológicos do acusado*, que, reconhecendo seus erros e aceitando o adequado castigo, é reintegrado à célula revolucionária. Ou eliminado.
c) incentivar *o executivo/funcionário* a introjetar os valores da empresa, sentindo-se cada vez mais como parte de "uma grande família", para cujo sucesso todos têm que trabalhar.
O mesmo pode ser dito da compulsão de alguns criminosos que espontaneamente relatam seus crimes diante das instâncias legais, apesar do prejuízo que tal ato lhes possa causar. Ou, em outro nível, do que ocorre entre paciente e terapeuta na que genericamente é denominada *área psi*. Não raro em termos jocosos, afirma-se que neste caso o paciente chega ao limite de *pagar para ser ouvido*, curando-se assim a si próprio, independente de o terapeuta estar atento à narração, dormindo ou resolvendo palavras cruzadas...
Por mais estranhos entre si que possam ser os exemplos citados, todos se ligam indissoluvelmente por um mesmo elo: a (re)construção da identidade do indivíduo dentro do grupo através do ato de narrar.

2 – A função política

Originalmente e por definição ligado e circunscrito à esfera do individual/psicológico, em determinado momento o ato de narrar a transcende e se destaca dela, adquirindo como foi dito, uma função claramente política, isto é, ligada ao *existir coletivo*, às formas de vida da comunidade, ou grupo, como um todo e não mais apenas dos indivíduos isolados que a compõem. Esta *função política* se revela sob duas formas:

- No que diz respeito ao narrador, seria possível afirmar que seu ato adquire uma função política no instante em que o ouvem, pois isto pressupõe, por parte dos ouvintes, a concessão, a um membro do grupo, do direito exclusivo à palavra e o reconhecimento, pelo menos tácito, de que ele, o narrador, possui a capacidade, ou a habilidade, de verbalizar algo em que o grupo se reconhece. Contudo, tal afirmação é um equívoco, pois não leva em conta que o narrador, absorvido completamente na tarefa de (re)construir sua identidade, não tem consciência imediata de uma possível função política de seu ato e, originalmente, nem está nela interessado.

A função política da narração passa a existir de fato apenas em um segundo momento, isto é, quando o narrador adquire, ainda que embrionariamente, consciência do poder que sua habilidade – de "representar" os demais – lhe confere no grupo.

Aliás, é neste exato instante que nasce o *artista*, ficando definido a partir daí seu papel específico na comunidade. E seria quase supérfluo lembrar que tal não é marca exclusiva da atividade de narrador. Pelo contrário, ela é universal, quer dizer, ela é também, por definição, a marca de todos aqueles cuja produção é, na tradição ocidental, denominada *arte*. Mas disto não trataremos aqui.[10]

- Simultaneamente, no que diz respeito ao conjunto dos ouvintes, a função política da narração não é o simples somatório dos processos de identificação de cada um dos membros do

---

[10] V. adiante, p. 51 ss.

grupo com o narrador, pois este simples somatório não altera a natureza do fenômeno em si, que neste estágio poderia, no máximo, receber o qualificativo de *grupal*.

A função política da narração é, pelo contrário, uma alteração efetiva, e só passa a existir de fato quando a *narrativa*, que é a materialização da *narração*, passa a desempenhar o papel, digamos, de soldagem entre os membros do grupo. Em outras palavras, quando todos eles adquirem consciência de que todos nela se reconhecem. Inclusive, se for o caso, por negação.

E é também neste exato instante que a narração adquire a *possibilidade* de se transformar em instrumento de luta pelo poder dentro do grupo. Já não mais apenas na perspectiva do artista – que, ao adquirir consciência de sua habilidade, passa a usá-la, seja simplesmente para obter comida ou arrecadar dinheiro, seja para adquirir relevância social/poder – mas também na perspectiva dos demais membros do grupo. O que veremos adiante, ao analisar a *função política da narrativa*.

III – A narrativa: as componentes

Segundo ficou estabelecido anteriormente,[11] o termo *narrativa* possui neste ensaio o mesmo sentido que *epopeia* em *A poética*, de Aristóteles, isto é, uma das formas, ou partes, da *arte da linguagem*. Se, como afirma ali Aristóteles, toda arte é *criação* (*póiesis*), a arte da linguagem – ao contrário da história, da retórica, da filosofia etc. – pode criar/inventar livremente, não estando delimitada pela realidade de fatos, situações etc. Concluindo, aqui nos ocupamos da *narrativa que é (parte da) arte literária*. Ou, em termos ocidentais/pós-renascentistas, basicamente do romance,[12] com seus assemelhados (novela e conto). E quais são as componentes da narrativa?

---

[11] V. acima, p. 14 ss.
[12] V. *A estética*, de Hegel, e *A teoria do romance*, de Lukács.

A natureza da narrativa é definida por três componentes essenciais. Em primeiro lugar, a narrativa é *a materialização da narração*; em outros termos, ela é o produto da capacidade de narrar. Em segundo lugar, como parte das artes da linguagem, ela é, por definição, oral. Em terceiro lugar, ela é, originalmente, fugaz e irrepetível, pois sua permanência/perenidade dependeu e depende, como a arte do som/da música, de fatores estranhos a ela própria.

No que se refere à primeira componente – produto/materialização da narração –, acima já foi dito o suficiente. Resta discorrer brevemente sobre as duas outras: a oralidade e a dependência da narrativa em relação a um suporte material estranho a ela.

1 – A oralidade

A narrativa é, por sua própria natureza, oral. E revelou-se pela primeira vez no balbuciar do primeiro narrador, assim existe até hoje e assim existirá enquanto a natureza humana for a mesma. Estas afirmações são uma evidência e não necessitam de comprovação. E para quem a exigisse bastaria prestar atenção aos toscos relatos de crianças de três ou quatro anos, aos relatos, angustiados ou não, de adolescentes, à ansiedade, explícita e desagradável, do *chato de salão* e às verdadeiras obras de arte criadas por estes anônimos *contadores de causos*, não raro denominados também *mentirosos profissionais*, qualificativo, aliás, totalmente inadequado.

Todos estes exemplos são situações que, sempre idênticas e ao mesmo tempo sempre novas, se repetiram e se repetem ao longo dos milênios, onde quer que tenham se reunido ou se reúnam dois ou mais representantes da espécie. Sob este ângulo, como simples produto da função linguagem, a narrativa é, incontestavelmente, imutável em sua base. No entanto, é também uma evidência a existência de várias e variadas *tradições* ou *escolas narrativas,* as quais apresentam características muito diversas em forma e conteúdo, tanto entre si, em sua origem, quanto na evolução de cada uma ao longo das eras. Mas então, poderia alguém perguntar, como conciliar imutabilidade, diversidade e transformação?

Ora, é evidente que não é necessária qualquer conciliação, pois a contradição é apenas aparente. Com efeito, os fenômenos narração/narrativa são apenas a manifestação *individual* e *localizada* de uma *capacidade coletiva* da espécie. E uma tradição narrativa passa a existir somente quando, transcendendo a esfera do individual, circunstancial e momentâneo, ela se transforma, ao longo do tempo, em repositório de idiossincrasias coletivas históricas, isto é, um produto de comunidades humanas que viveram/vivem em espaço e tempo definidos e identificáveis.

2 – A necessidade de um suporte

Em princípio e assim posta a questão, deve-se logicamente concluir que uma tradição narrativa pode formar-se tanto no seio de sociedades ágrafas – é a *tradição oral*, dependente da memória, e apenas dela – quanto no seio de sociedades letradas – a *tradição escrita*. A rigor, sim.

Mas o problema não é tão simples. Pois por mais que se possa comprovar – por referências e dados externos – a existência de tradições narrativas em sociedades ágrafas, é impossível, como nos casos da fixação dos estágios de evolução não documentada de uma língua, comprovar factualmente sua existência. Por que? Porque como a música – a arte do som –, a literatura – a arte da linguagem – exige, para sua repetitibilidade e consequente perenidade, pelo menos relativa, o complemento de um suporte físico /material estranho e externo a ela. Ora, a inexistência deste suporte – que foi inicialmente apenas a escrita[13] – impossibilita as comparações diacrônicas de um fenômeno, isto é, a possibilidade de analisar, lado a lado, produtos gerados em momentos históricos diferentes.

Este é um tema complexo, pelo menos em teoria. E dele não trataremos aqui, mesmo porque foge aos interesses deste ensaio. Seja como for, parece lógico aceitar, por um lado, a existência de tradições narrativas em sociedades ágrafas e, por outro, con-

---

[13] Em seus vários suportes secundários (argila, pedra, pergaminho papel etc.), hoje bem mais diversificados (filmes, fitas magnéticas, gravações eletrônicas etc.).

cluir que discutir e analisar o problema é um oxímoron, já que materialmente elas não existem para a posteridade. Por isso, não deixa de ser curioso, e sintomático ao mesmo tempo, que tal tema, digamos, tão rarefeito, continue mantendo certo fascínio na atualidade. E a prova é que, na segunda metade do século XX, dois ficcionistas, conhecidos internacionalmente, dele se ocuparam. Sob óticas díspares, é verdade, mas ao mesmo tempo convergentes.

O primeiro foi o albanês Ismail Kadaré, com *O dossiê H*. Abordando o tema de forma direta, em seu romance Kadaré narra a saga de dois pesquisadores irlandeses que, de gravador em punho, tentam identificar, nas montanhas do norte da Albânia, os estágios da evolução de duas epopeias, ainda vivas nas vozes dos rapsodos da região. A obra da Kadaré é fascinante, particularmente por seu final apocalíptico, que a transforma em símbolo de uma missão impossível na geografia de um mundo desaparecido. *Sicut erat demonstrandum...*

O segundo foi João Guimarães Rosa,[14] que para os brasileiros dispensa apresentações. Em seu romance *Grande sertão: veredas*, cuja ação se desenrola no *hinterland* brasileiro/mineiro nas primeiras décadas do séc. XX, Rosa narra uma longa história de guerras e de amor e poder. Mas *sotto voce* e em *ostinato* ressoa o tema do fim das sagas orais, substituídas pela narrativa letrada em um mundo arcaico votado à extinção em sua totalidade.

Que eu saiba, ninguém até hoje aproximou estas duas extraordinárias obras da era pré-globalização planetária. No entanto, por sua abrangência temática e por sua exemplaridade histórica, elas mereceriam que alguém com visão holística – como se dizia em recente jargão da moda, já desaparecido – sobre elas se debruçasse. Quanto a nós aqui, tornando ao mundo dos conceitos mais rasos e mais sólidos, finalizamos discorrendo sobre as *funções da narrativa*.

---

[14] V. próximo ensaio.

IV – A narrativa: as funções

Como no caso da narração, as funções da narrativa são a psicológica e a política, mas acrescidas de uma terceira, a econômica.

A função psicológica da narrativa não é senão a materialização daquela analisada abstratamente ao tratarmos da narração. Pois no que ao narrador se refere, a narrativa desempenha a mesma função psicológica que a narração, função agora referida, contudo, não mais a um indivíduo genericamente tomado mas, sim, a uma pessoa específica e determinada. Isto é, ao autor/artista. Em consequência, salvo para os partidários do biografismo,[15] a questão não possui importância, podendo ser considerada teoricamente irrelevante.

No que se refere ao(s) ouvinte(s)/leitor(es), a função psicológica é simplesmente a materialização da mesma função da narração: a identificação com o conteúdo narrado. Portanto, também aqui o fenômeno não é relevante, pois diz respeito apenas ao(s) ouvinte(s) tomado(s) isoladamente ou, no máximo, como foi visto, ao mero somatório deles. A função política e a econômica situam-se em outro patamar.

1 – A função política

Por *função política* entende-se aqui o papel – comum também às demais artes – que a narrativa pode desempenhar, e muitas vezes desempenha, quando passa a ter influência no jogo das relações sociais, ou de poder. Esta função se revela quando a narrativa deixa de ser mero fator de soldagem, digamos, instintiva e natural do grupo social para transformar-se em um veículo de ideias, comportamentos e fatos coletivos, extrapolando a esfera do individual e passando à do coletivo/político, entendido este quer no sentido genérico, quer no específico. Este papel da narrativa pode ser considerado a primeira de duas funções extrínsecas – sendo a segunda, como se verá, a econômica.

---
[15] A vida privada do autor/artista não interessa, a não ser para ele próprio e seus familiares e amigos. E o biografismo é, no melhor dos casos, uma tautologia, tendendo a inverter as componentes básicas da questão. Com efeito, não é a vida do autor/artista que ilumina sua obra. É esta que o explica, pelo menos no que interessa aos leitores, isto é, na medida que ela contém/revela a visão de mundo daquele.

E assim, por esta função política, a narrativa se transforma automaticamente em ponto de referência no contexto das relações histórico-sociais em que surge, estabelecendo, direta ou indiretamente, uma ponte entre ela e os valores do grupo em níveis, sentidos e formas diversos, de acordo, aproximadamente, com o esquema abaixo:

$$\text{Função política} \begin{cases} \text{níveis} \begin{cases} \text{linguístico} \\ \text{ético (comportamental)} \\ \text{ideológico} \end{cases} \\ \text{sentido (direção)} \begin{cases} \text{neutro} \\ \text{afirmativo} \\ \text{contestador} \end{cases} \\ \text{formas} \begin{cases} \text{espontânea} \\ \text{induzida} \\ \text{manipulada} \end{cases} \end{cases}$$

Seguindo o esquema, uma obra pode ser neutra, afirmativa ou contestadora em relação às normas linguísticas dominantes. O mesmo ocorre nos planos ético (comportamental) e ideológico. Assim, considerando as combinações possíveis no esquema, longa e variada poderia ser a lista de exemplos de função política desempenhada, para ficar apenas na tradição ocidental, pela narrativa ao longo de dois milênios e meio, aproximadamente.

Começando com a *Ilíada* e a *Odisseia*, é sobejamente conhecido o amplo e profundo papel pedagógico – isto é, em todos os três níveis – desempenhado por estas obras na Hélade nos dois ou três séculos que precederam seu apogeu. O mesmo – ou até mais! – deve ser dito sobre a função das grandes narrativas do *Livro do Gênesis* (A Queda, o Decálogo etc.) em Israel e depois em todo o Ocidente.

Inúmeros outros exemplos podem ser citados, mais recentes e, claro, mais modestos. Assim, já no início da Idade Moderna, foi extraordinário o papel que coube à chamada *novela picaresca* e a *D. Quixote*, de Cervantes, na consolidação do castelhano como língua dominante e, portanto, como instrumento nada desprezível no processo de centralização e unificação da Espanha. Isto sem contar a influência exercida pela obra de Cervantes no nível especificamente ideológico, como sátira explícita às novelas de cavalaria e, portanto, às velhas e há muito caducas estruturas feudais do país.

E quem não conhece o relevante papel desempenhado pelo romance da segunda metade do séc. XIX no caldeirão ideológico-político da Rússia de então? Ou o uso do chamado *realismo socialista* como instrumento de ação política no período pós-revolucionário?

O caso do Brasil

Os exemplos poderiam multiplicar-se. Tomando especificamente o caso do Brasil, os momentos em que sobressai e pode ser claramente percebida a função política da narrativa são muitos e a análise do fenômeno permitiria a organização de, pelo menos, uma obra de bom tamanho. Abaixo vão elencados alguns dos momentos mais importantes.

- Para começar, é notória a influência exercida pela ficção de José de Alencar, Joaquim Manuel de Macedo e outros contemporâneos seus sobre as camadas superiores e médias do Rio de Janeiro, em particular no nível linguístico e comportamental. Por outra parte, em nível ideológico, não menos importante foi o impacto provocado, nas décadas seguintes, pelas obras de Aluísio Azevedo, Raul Pompeia e Lima Barreto, obras impregnadas de uma visão social de extrema contundência crítica.

- Também em nível ideológico – sem esquecer os demais – adquiriu grande relevância, a ponto de passar à história da literatura como um fenômeno notável, a função política do chamado *romance de 30*, podendo-se afirmar ter nele se expressado a visão socioeconômica e política das oligarquias periféricas que comandaram a Revolução de 30 e assentaram as bases do Brasil moderno, urbano e industrial.

- Outro exemplo – mais sutil e por isto mesmo muito interessante – de função política desempenhada pela narrativa no Brasil é o de um conjunto de obras, basicamente seis (*Grande sertão: veredas*, *O coronel e o lobisomem*, *Sargento Getúlio*, *Chapadão do Bugre*, *Os Guaianãs* e *A pedra do reino*), aparecidas a partir de 1956, ano da publicação da primeira delas. Exercendo no plano simbólico/artístico um papel muito semelhante ao de *Os sertões*, de Euclides da Cunha, no analítico/ideológico, estas obras, todas elas de temática agrária, colocaram a *intelligentsia* literário-intelectual do país frente a frente com o Brasil caboclo-sertanejo do Centro-norte e Nordeste e suas características linguísticas, culturais e socioeconômicas. Um Brasil dedicado à pecuária extensiva, à pequena propriedade de subsistência e eventualmente ao garimpo itinerante. Um Brasil mais ou menos fechado sobre si próprio e fortemente marcado pela herança ibérica, retrabalhada ao longo dos séculos. Um Brasil que nada tinha a ver com aquele das aglomerações urbanas do litoral e suas imediações, estas quase sempre dedicadas a atividades econômicas de exportação. Um Brasil, enfim, que nada tinha a ver com aquele que era até então o parâmetro único e o acanhado horizonte desta *intelligentsia* literário-intelectual, sempre de costas para o interior e de olhos postos nas metrópoles europeias, na clássica postura de uma elite *depaysée* e colonizada.

- Finalmente, foi na década de 1960 e, principalmente, na década de 1970, prolongando-se até meados da seguinte, que outro tipo de narrativa, esta de temática preponderantemente urbana, desempenhou sua função política de forma duplamente expressiva. De um lado – e de maneira bem mais representativa e variada do que o cinema e a música popular de então, ainda que com menos impacto do que esta –, os romances, novelas e contos desta época delineiam um amplo, vivo e multifacetado painel da profunda crise político-social e cultural--ideológica do país, que, sob o regime militar e sob o impacto de violências de todo tipo, deixava para trás seu acanhado passado agrário e transformava-se em uma das mais importantes nações urbano-industriais do planeta, com tudo o que isto significava, e ainda significa, nas sociedades ditas então *periféricas*.

Este é um dos ângulos – cuja análise, se ampliada, poderia se estender por uma ou mais obras – a partir do qual se evidencia a função política da narrativa produzida nesta época conturbada do país. Mas há outro, talvez mais significativo ainda. Pois tudo indica que, exatamente em virtude das profundas transformações ocorridas no período referido, talvez este tenha sido o derradeiro momento em que a função política da narrativa atingiu um patamar de indiscutível relevância histórica e social no Brasil, o derradeiro momento em que ela foi, como várias vezes no passado fora, espelho e imagem da classe dirigente, da elite intelectual e dos segmentos alfabetizados da população.

De fato, é a partir desta época que a eletricidade, as comunicações instantâneas, inclusive via satélite, e as cadeias de televisão, cobrindo todo o território nacional, de norte a sul e de leste a oeste, minam o poder da palavra impressa, que perde a posição privilegiada que detinha e é substituída pela pequena tela. É a partir de então também que as novelas de televisão substituem a narrativa em seu papel de espelho e imagem já não mais apenas da classe dirigente e dos setores a ela agregados mas praticamente da nação como um todo, independente e acima das classes sociais, num paradoxal, sem precedentes, contraditório, problemático, caótico e questionável talvez, mas inegavelmente verdadeiro, processo de democratização cultural.[16]

---

[16] É fundamental perceber que o livro era um privilégio não apenas economicamente falando mas também culturalmente, pois exigia uma razoável alfabetização, o que o transformava, na sociedade brasileira do passado, em eficiente instrumento de diferenciação social. Com a televisão é diferente. Ela não classifica automaticamente os espectadores em termos econômicos e culturais. Ela os integra. E já é clássica,

À época, as consequências de tais bruscas e profundas mudanças não foram percebidas nem medidas em sua real dimensão. Mas hoje, nas primeiras décadas do século XXI, é evidente que a televisão e suas novelas e os demais meios de comunicação instantânea transformaram em passado distante o tempo, tão recente, em que a narrativa escrita desempenhava no Brasil uma função política de relevância indiscutível.[17]

Aliás, esta função política desempenhada pela literatura em geral, e particularmente pela narrativa, nas sociedades do Ocidente no passado tendeu a tornar-se cada vez menos importante já a partir das primeiras décadas do séc. XX diante do avanço da civilização da imagem, representada pelo cinema e, posteriormente, pela televisão e afins. Este processo acelerou-se violentamente na segunda metade do mesmo século com a difusão e a popularização de tais técnicas, sendo hoje possível afirmar que a função política do *establishment* letrado praticamente desapareceu, levando de roldão atividades e setores a ela ligados e típicos da sociedade da era pré-imagem.

E é um fenômeno paradoxal, mas nem por isto menos sintomático, que a função política da narrativa passe a ocupar cada vez mais um lugar residual e tenda até a desaparecer no exato momento em que a mesma atingia ou, pelo menos, poderia atingir seu apogeu graças à alfabetização universal, exigência intrínseca das modernas sociedades urbano-industriais. Contudo, ao mesmo tempo em que, diante dos novos veículos de comunicação de massa, a narrativa era alijada da posição privilegiada que ocupava no passado e desaparecia quase que por completo sua função política, ela via sua função econômica, até então apenas secundária e marginal, adquirir indiscutível importância como produto de consumo no contexto desta mesma sociedade de massas.

---

na formatação dos enredos das novelas, a presença de *núcleos*: pobres, ricos, interioranos etc.
[17] V. *Era uma vez a literatura...* Porto Alegre: BesouroBox, 5. ed., 2018.

2 – A função econômica

É possível afirmar que a narrativa sempre desempenhou, de uma ou outra maneira, uma função econômica desde o instante em que o narrador, separando-se da turba indiferenciada dos ouvintes e adquirindo consciência, ainda que apenas implícita, de sua habilidade, faz desta um produto no mercado e transforma-se assim em *artista*.

Pois é no momento em que à habilidade é acrescentada a consciência dela que nasce o artista e seu poder, definidos ambos pelo exercício de uma função específica na esfera da produção humana, em outros termos, por uma atividade especializada. Enfim, uma profissão remunerada, não importa se em espécie – sendo o alimento sua forma mais simples – ou se em valor monetário, sendo a instituição do direito autoral sua forma mais avançada e sofisticada.

Por isto – e é compreensível que assim seja, já que a natureza humana continua a mesma – nada de essencial diferencia o aedo, o menestrel medieval, o cantador do Nordeste, o contador de *causos* e o romancista norte-americano que, com algum talento e uma boa equipe, produz *best-sellers* em série e embolsa milhões de dólares. Contudo, seria forçar um pouco os termos dizer que, se todos eles se dedicam à mesma atividade, também a narrativa desempenha em relação a eles a mesma função econômica.

Sua atividade é, de fato basicamente idêntica, mas a função econômica agregada a ela alterou-se. Com efeito, receber como pagamento um pernil de carneiro, algumas azeitonas e um copo de vinho é diferente de embolsar milhões de dólares pelos direitos autorais de um texto produzido em uma cidade qualquer do Ocidente industrial e vendido no mundo inteiro com a aplicação das mais modernas técnicas de propaganda e *marketing*. Contudo, não foi a atividade do aedo ou do autor de *best-sellers* que mudou. O que mudou foram as técnicas, as estruturas sociais e as relações de poder em que o narrador/artista se inseria no passado e se insere no presente.

Com efeito, a narrativa sempre desempenhou, e desempenha hoje mais do que nunca, uma função econômica. Esta, porém, transformou-se profundamente, de acordo com as técnicas, a escala de produção e os processos de comercialização no contexto de sociedades historicamente definidas. De tal maneira que, de simples ganha-pão individual do narrador/artista, a narrativa transformou-se hoje em matéria-prima de uma atividade industrial de âmbito internacional, que movimenta, se não fabulosas, pelo menos vultosos valores monetários.

Rastrear esta impressionante evolução não faz parte dos objetivos deste texto, mesmo porque ela se confunde, a rigor, com a história da civilização ocidental e em particular com a história da imprensa e do livro. É possível, no entanto, afirmar com segurança que os momentos cruciais nesta trajetória da narrativa foram a invenção da escrita, da imprensa, da máquina a vapor e da rotativa, os transportes rápidos, a expansão da Europa colonialista pelo planeta e, na outra ponta, a alfabetização universal, necessidade intrínseca às modernas sociedades industriais.

II
A ELOQUÊNCIA DO SILÊNCIO:
O DOUTOR EM GRANDE SERTÕES VEREDAS[18]

---
[18] As citações de *Grande sertão: veredas* seguem a 6ª edição da obra (Rio de Janeiro: Livraria José Olympio Editora, 1968).

A ELOQUÊNCIA DO SILÊNCIO: O *DOUTOR* EM *GRANDE SERTÃO: VEREDAS*

O impacto provocado pela publicação de *Grande sertão: veredas* em 1956 possivelmente não teve similar, nem antes nem depois, na história da ficção brasileira.[19] O fenômeno, evidentemente, resultou da confluência de dois fatores: de um lado, o contexto de modernização acelerada da economia do país, com a expansão sem precedentes dos novos meios de transporte e comunicação nos anos subsequentes ao final da II Guerra Mundial; e, de outro, a própria obra de Guimarães Rosa, considerada logo, com ou sem razão, "estranha", sob vários aspectos, no contexto

---

[19] Até mesmo, eu diria, na história do livro no Brasil. Pelo que pude concluir empiricamente, por minhas leituras, apenas *Os sertões*, de Euclides da Cunha, teve – como dizem hoje – uma *recepção* similar, pelo menos em termos relativos. E não por acaso. V. adiante, p. 38 ss.

da história da ficção brasileira. Não é, contudo, minha intenção deter-me aqui[20] a analisar este e outros temas semelhantes, mas sim, especificamente, sublinhar que, na verdadeira avalanche de comentários, artigos e ensaios publicados então, e mesmo posteriormente, sobre a obra – muitos deles, aliás, estapafúrdios –, pouca ou nenhuma atenção foi dada à sua estrutura narrativa. Em outros termos, à maneira "diferente" utilizada por Guimarães Rosa para contar a história de Riobaldo e Maria Deodorina da Fé Bettancourt Marins, ou Diadorim, a mulher travestida de cangaceiro.

Mesmo eu, que ao lê-la, na segunda metade da década de 1960, ficara logo fascinado pela temática da obra, somente no final da década de 1980 – depois de já ter escrito mais de 200 p. sobre ela – fui me dar conta da importância de sua estrutura técnica, sobre a qual comecei a elaborar um projeto de tese, logo abandonado.[21] Anos depois, contudo, ao ler *O dossiê H*, do romancista albanês Ismail Kadaré, retomei a ideia, mas novamente não a levei adiante. Apenas agora, ao terminar de redigir o ensaio precedente, decidi voltar ao assunto e às minhas anotações de então, para tentar, de forma breve e esquemática, elucidar e iluminar algo que, a meu ver, é uma intuição absolutamente genial de Guimarães Rosa – que o aproxima de Kadaré e, ao mesmo tempo, o opõe a ele.

Com este objetivo, depois de resumir a estrutura básica da obra, para demonstrar que nela se materializa, em nível insuperável, a narração como fenômeno antropológico,[22] procurarei identificar os elementos radicalmente inovadores, tanto temáticos quanto técnicos, que a transformam, como narrativa, em símbolo insuperável de uma época histórica determinada e específica.

---

[20] Abordo esta questão várias vezes em meus ensaios. Mas especialmente em "*Grande sertão: veredas* – a obra, a história e a crítica" e em "Um *coloninho* lê *Grande sertão: veredas*", que hoje integram *Riobaldo e eu – a roça imigrante e o sertão mineiro*. Porto Alegre: Besouro Box, 2015, 2ªed, 424 p.
[21] V. acima, p. 13 ss.
[22] V. id. ib.

1 – A estrutura narrativa

A estrutura narrativa é a maneira, ou forma, utilizada por um narrador/autor para contar sua história. Deixando à parte detalhes genéricos e/ou específicos do tema, é evidente que a estrutura narrativa de *Grande sertão: veredas* é, ao mesmo tempo, simples – até simplíssima! – e complexa. Simples porque pode ser resumida em um parágrafo, ou pouco mais: em uma terça-feira qualquer, possivelmente por volta de meados da década de 1940, um *doutor*, dirigindo um jipe, chega a uma fazenda no interior de Minas Gerais; o proprietário desta, Riobaldo, um ex-jagunço, praticamente o obriga a ali permanecer até quinta-feira e logo começa a lhe contar a história de sua vida – sem mesmo perguntar se o visitante está nela interessado... O *doutor* o ouve pacientemente e vai registrando o relato em uma *caderneta*.

Terminado o relato, o *doutor* – evidentemente cansado, diria um gaiato! – parte na quinta-feira de manhã e nunca mais retorna, publicando, supõe-se, o conteúdo da *caderneta* em uma editora qualquer do litoral, do que resulta *Grande sertão: veredas*, uma obra de 450/500 páginas!

Inverossímil e complexa? Talvez. Mas, como narrativa, transparente e jamais de difícil compreensão, apesar de muitas vezes marcada por antecipações, *flashbacks*, diálogos, narrativas secundárias etc.

2 – As componentes da narração

Sinceramente, hoje não tenho mais certeza se meus conceitos sobre *narração* e *narrativa*[23] começaram a ser elaborados a partir da leitura de *Grande sertão: veredas* e da tentativa de redigir uma tese sobre o tema na década de 1980 ou se, conforme referi no início do ensaio anterior, já as concebera motivado por eventos privados então recentes. Ou, o que é mais provável, se são um produto compósito decorrente de ambas as fontes.

---
[23] V. acima, id. ib.

Esta questão, porém, nula importância possui diante da evidência de que, provavelmente, em nenhuma outra obra da narrativa ocidental as quatro componentes fundamentais da narração estejam expostas de forma tão clara e, pode-se dizer, tão didática. Assim, seguindo o roteiro, analisarei rapidamente a *experiência do narrador*, a *compulsão à narração*, a *capacidade de organização* e a *presença do público*.

♦ A experiência do narrador

Afirmar que em *Grande sertão: veredas* a experiência do narrador é uma das componentes da narração configura uma dupla obviedade. Em primeiro lugar porque a obra é uma narrativa em primeira pessoa. Em segundo lugar porque a personagem que narra é o protagonista, no passado, das ações narradas e, no presente, é o narrador destas ações a um ouvinte, o *doutor*.

Em decorrência desta dupla identificação, a obra se revela como trajetória sofocliana/edipiana do protagonista, que busca em seu passado tanto a compreensão de seu destino pessoal quanto – dada a natureza imanente de sua visão de mundo – a compreensão da experiência humana tomada genericamente, isto é, em sua totalidade coletiva. E que assim, coerentemente, afirma, ao final de seu relato (p.460):

> Encerro aqui, mire e veja. Isto não é o de relatar passagens de sua vida, em toda admiração. Conto o que fui e vi, no levantar do dia. Auroras (...). Existe é homem humano. Travessia.

♦ A compulsão à narração

A presença da compulsão à narração dispensa qualquer argumentação, seja ela mais ou menos sofisticada. Esta presença é tão forte que o protagonista qualifica seu ato de narrar como *o início de sua salvação*, segundo revela ao rememorar o momento crucial em que Zé Bebelo o aconselha a procurar o Compadre Quelemém de Góis, na Jijujã (p. 460):

Tinha de ser Zé Bebelo, para isso. Só Zé Bebelo, mesmo, para meu destino começar a salvar. Porque o bilhete era para o Compadre meu Quelemém de Góis, na Jijujã – Vereda do Buriti Pardo (...). Compadre meu me hospedou. Deixou meu contar minha história inteira.

Mas esta compulsão não se desvanece ali e Riobaldo é impelido a narrar a própria narração, fazendo com que o relato ao Compadre Quelemém de Góis passe a ser não o último mas o penúltimo ato transcendental de sua vida. O último ato se materializa quando a narrativa oral se transforma em narrativa letrada na *caderneta* do *doutor*, que, por interesse próprio e por imposição de Riobaldo, se demora por três dias incompletos na fazenda deste para ouvi-la (p. 22):

Eh, que se vai? Jajá? É que não. Hoje não. Amanhã não. Não consinto. O senhor me desculpe, mas, em empenho de minha amizade, aceite: o senhor fica. Depois, quinta de-manhã-cedo, o senhor querendo ir, o senhor então vai, mesmo se deixa sentindo esta sua falta. Mas, hoje ou amanhã, não. Visita, aqui em casa, comigo é por três dias!

Esta declaração não é um ato de hospitalidade levada ao extremo. Impregnada de urgência e angústia, ela é produto da incoercível necessidade do protagonista de relatar novamente sua experiência, desta vez com a certeza de que, se sobrepondo à intrínseca perecibilidade dos sons que se perdem ao vento, sua narrativa se transmutará em documento perene através da letra na *caderneta* do *doutor*. E com isto a compulsão à narração desaparece automaticamente e para sempre. Fecha-se o círculo. O narrador, agora já novamente parte do coletivo, recupera sua identidade perdida. Riobaldo saberá para sempre quem ele é. Porque os ouvintes/leitores também o saberão! E a *caderneta* do *doutor* é o indelével documento que o comprova.

♦ A capacidade de organização

Várias são as passagens em que Riobaldo faz referência à sua capacidade de ordenar adequadamente os eventos relatados, de forma a tornar o enredo compreensível ao *doutor*. Uma delas, muito citada, se encontra mais ou menos na metade da obra (p. 234):

E foi assim que a gente principiou a tristonha história de tantas caminhadas e vagos combates, e sofrimentos, que já relatei ao senhor, se não me engano até ao ponto em que Zé Bebelo voltou... De todas elas, porém, a mais importante, se não a única verdadeiramente fundamental para o objetivo deste ensaio, é aquela em que Riobaldo relata a descoberta da verdadeira identidade de Diadorim (p. 453):

E disse. Eu conheci! Como em todo o tempo antes eu não contei ao senhor – e mercê peço: – mas para o senhor divulgar comigo, a par, justo o travo de tanto segredo, sabendo somente no átimo em que eu também só soube... Que Diadorim era o corpo de uma mulher, moça perfeita... A dor não pode mais que a surpresa. A coice d'arma, de coronha.

Nesta passagem fica evidente que Riobaldo, na construção de Guimarães Rosa, não é um simples narrador, insciente de seu papel, desempenhando-o por mera compulsão e sem qualquer noção de sua função coletiva – ou política, no sentido amplo do termo – como personagem. Pelo contrário, nestas passagens, o Autor faz de Riobaldo seu *alter ego*, de tal forma que o aedo/rapsodo, símbolo de um mundo arcaico, não letrado, e o romancista, agente de uma sociedade letrada, se insumem reciprocamente, fazendo de seu produto conjunto – a narrativa – o primeiro e o derradeiro elo de dois ciclos históricos, justapostos e estranhos, que, fundindo-se, desaparecem para sempre, transformando este desaparecimento, paradoxalmente, em penhor de sua perenidade como arte: o mundo do barranqueiro do São Francisco e o do barranqueiro do litoral, como veremos ao final.

♦ **A presença do público**

Das quatro componentes da narração, a quarta assume em *Grande sertão: veredas*, através da voz do protagonista, forma tão singela e direta que dispensa maiores comentários.

Utilizando-se de um recurso tão simples quanto inovador – e até genial – Guimarães Rosa faz com que a presença do público, representado pelo *doutor*, confira à obra a forma de *narrativa de uma narração*, permitindo assim recuperar o momento e a atmosfera original em que esta nasce. Momento e atmosfera que, nas narrativas letradas, não mais são percebidos, velados que estão tanto pela distância estabelecida pela letra quanto pela natural ausência de reflexão do leitor sobre *o que é narrar*.[24]

3 – Os grandes ciclos da narrativa ocidental

Para encerrar este e o anterior ensaio, seria adequado analisar a *função política* desempenhada por *Grande sertão: veredas* ao longo das décadas que nos separam da sua publicação.[25] Em outros termos, fazer o levantamento, ainda que sucinto, das reações provocadas pela obra nos campos linguístico-estético, ético-comportamental e sócio-ideológico.

Isto é impossível aqui, em primeiro lugar pelo simples fato de que o impacto provocado pela obra adquiriu tais dimensões que, se tratado de forma adequada e abrangente, exigiria muito tempo de pesquisa e resultaria, sem dúvida, em um volume de várias centenas de páginas. Em segundo lugar, de minha parte já abordei a questão, em artigos, ensaios e livros.[26] Em terceiro, finalmente, desejo ainda e apenas comentar um elemento técnico específico utilizado por Guimarães Rosa na obra e transformado por ele em um índice histórico, que parágrafos atrás qualifiquei de "intuição genial".

Observando, à *vol d'oiseau*, os três ou quatro[27] *modelos* (*patterns*) mais importantes da narrativa ocidental, é possível identificar, pelo menos *grosso modo*, os principais elementos que singularizam cada um deles em relação aos demais. Assim, na

---

[24] V. acima, p. 12 ss.
[25] V. acima, p. 33.
[26] Com exceção de alguns artigos de menor relevância, meus textos sobre *Grande sertão: veredas* estão hoje reunidos em *Riobaldo e eu: a roça imigrante e o sertão mineiro*. Porto Alegre: BesouroBox, 2ª ed., 2015.
[27] Na verdade, a ficção fantástica clássica ao estilo de Walpole (*O castelo de Otranto*) e outros também poderia ser considerada um *ciclo*. Mas ela é o reverso do real--naturalismo. Sobre isto, v. "A epopeia de Riobaldo", in *Riobaldo e eu*, p. 187 ss.

epopeia clássica (Homero), os heróis/personagens são organicamente parte da natureza – terrena e celestial –, estando nela imersos em todos e com todos os sentidos; na épica medieval (*Nibelungos*, *Rolando*, *El Cid* etc.), a ordem hierárquica e o código de honra do herói operam em um espaço que oscila entre, de um lado, a racionalidade e, de outro, os mitos e as lendas – sejam eles bárbaros ou cristãos; no grande romance real-naturalista clássico – em cujos primórdios se encontram a picaresca espanhola e *D. Quixote*, de Cervantes –, o herói ou a heroína, solitários e abandonados à própria sorte, buscam (no início e no apogeu do ciclo) "valores autênticos em um mundo degradado";[28] e, na decadência do ciclo, terminam também degradados, em uma sociedade que já não necessita deles nem, muito menos, com eles se identifica.

Este terceiro *modelo* desenvolveu-se também com vigor nas periferias americanas sob influência anglo-francesa, em particular no Brasil de meados do século XIX até meados do século XX e, neste, nos Estados Unidos, seguindo fielmente a matriz europeia e produzindo nos dois países citados um conjunto de obras altamente significativas.

À parte discussões teóricas sofisticadas, pode-se afirmar com segurança que o modelo deste romance é representado paradigmaticamente na Europa por Flaubert, Stendhal, Balzac, Zola, Defoe, Conrad, Tolstoi, Dostoievski e dezenas de outros nos séculos XVIII e XIX. E no Brasil, nos séculos XIX e XX, por Machado de Assis, Aluízio Azevedo, Raul Pompeia, Lima Barreto, Graciliano Ramos, Jorge Amado, Erico Veríssimo etc. Nos Estados Unidos, seu florescimento ocorre no século XX, com Fitzgerald, Steinbeck, Dreiser e outros.

Por definição, a ficção real-naturalista se caracteriza, genericamente, por enredos verossímeis e mais ou menos lineares que se desenvolvem no espaço urbano ou em regiões próximas dele, com personagens possuidoras de uma visão de mundo idêntica ou próxima daquela das pessoas reais da época dos enredos.

---

[28] A expressão é de Georg Luckács, em *Teoria do romance*.

4 – A nova narrativa épica latino-americana

Por volta de meados do século XX, quando na Europa o grande romance real-naturalista clássico já havia praticamente desaparecido, na América Latina e nos Estados Unidos ele continuava mantendo certo vigor, apesar de já ter ultrapassado seu zênite. Por esta mesma época, um novo tipo de narrativa, de características marcantes e inéditas começou, surpreendentemente, a aparecer em alguns países do continente.

Em 1949 o cubano Alejo Carpentier publicou *O reino deste mundo*, precedido de um prefácio que se tornou logo famoso. Por esta obra, seguida de várias outras – entre as quais se destaca *O século das luzes* –, Carpentier passaria posteriormente a ser considerado o pioneiro de um novo ciclo da ficção latino-americana – e até mesmo ocidental –, que foi inicialmente denominado "realismo mágico",[29] expressão que, adequada ou não, colaboraria para dar prestígio e fama a vários romancistas do continente, a começar com o próprio Carpentier, seguindo-se o colombiano García Marquez (*Cem anos de solidão*), o mexicano Juán Rulfo (*Pedro Páramo*), o peruano José María Arguedas (*Los rios profundos*), o paraguaio Roa Bastos (*Yo, el Supremo*) e outros autores. No Brasil, também na segunda metade do século XX, surgiram, na mesma linha e depois da publicação de *Grande sertão: veredas* (1956), Mário Palmério (*O Chapadão do Bugre*), José Cândido de Carvalho (*O Coronel e o lobisomem*), Ariano Suassuna (*A pedra do reino*), João Ubaldo Ribeiro (*Sargento Getúlio*) e Benito Barreto (*Os Guaianãs*).

Para alguns, é discutível e exagerado considerar tais autores e suas obras como representantes de um novo ciclo – no caso, o quarto – da ficção ocidental. Mas quem leu as obras acima não pode negar que:
1. Elas são densas e impactantes, tanto técnica quanto tematicamente, e pelo menos algumas delas estão entre as melhores escritas no Ocidente na segunda metade do século XX.

---
[29] Ou *real maravilhoso*.

2. O espaço da ação é quase sempre o *hinterland* latino-americano, agrário, arcaico e mestiço, ainda caracterizado por uma cultura oral e por uma visão de mundo mítico-sacral, isto é, pré-lógico-racional e distante do ou em conflito com o litoral.
3. Em consequência, não raro os eventos narrados rompem com o *princípio da verossimilhança*, que, por definição, é a base da ficção real-naturalista.[30]
4. Não poucas destas obras se encerram com eventos violentos e/ou apocalípticos em que as personagens principais desaparecem para sempre.

E o que estaria por trás da *Kunstwollen* (vontade artística), como diria Worringer,[31] dos autores que produziram tais obras?

Para mim, desde que, por volta de meados da década de 1960, comecei a ler e a analisar as obras – algumas então recentes e outras que logo viriam a ser publicadas – da ficção latino-americana marcadas por tais características, nunca houve qualquer dúvida: ainda que, como é natural, sob formas e aspectos díspares, elas eram/são produto de um fenômeno histórico visível há algum tempo[32] mas que, a partir do final da II Guerra Mundial, se acelerara violenta e irreversivelmente, em particular na América Latina: o avanço avassalador das estruturas urbano-industriais – até então pouco representativas e localizadas no litoral – em direção ao interior do continente. Interior que, salvo raros surtos rápidos e descontínuos, evoluíra de maneira mais ou menos autônoma ao longo de três ou quatro séculos e que começava agora a sofrer o impacto de um mundo ao qual permanecera em grande parte alheio em virtude da distância, dos sistemas primitivos de comunicação e transporte e do desinteresse do litoral.

Foi, portanto, na esteira deste processo de choque entre a costa e o interior que nasceu o fenômeno literário do então dito "realismo mágico" – ou da *nova narrativa épica latino-ameri*-

---

[30] V. "A epopeia de Riobaldo", in *Riobaldo e eu*, p. 187 ss.
[31] *La esencia del estilo gótico*. Buenos Aires: Nueva Visión, 1967, p. 69 ss.
[32] Já no início do séc. XX, Max Weber falava da "desmagicização do mundo" (die Entzauberung der Welt), em seus ensaios sobre sociologia das religiões.

cana, segundo, com ou sem razão, preferi denominá-lo. Mas sobre tal tema e ao longo de meio século já escrevi longamente, talvez até demasiadamente.[33] E limito-me apenas a comentar brevemente o que acima, e por duas vezes, qualifiquei de "intuição genial" de Guimarães Rosa em *Grande sertão: veredas*.

5 – O *doutor*: a intuição genial

Arte é emoção aderida à matéria. E esta aderência se realiza no ato em que a matéria é, digamos, "possuída" pela técnica e, insumindo-se uma na outra, transubstanciam-se ambas em nova e única identidade: o símbolo.[34] Por isto, toda arte é *símbolo*. E este, como a História o mostra, nasce a partir de um detalhe técnico quase sempre aparentemente aleatório e não raro isoladamente pouco significativo.

Assim, a métrica, que, segundo se crê, foi inicialmente apenas um artifício de aedos e rapsodos destinado a facilitar a memorização, transformou-se com o tempo em elemento fundamental da epopeia clássica para agregar intensidade aos eventos descritos e sublinhar a emoção das personagens. E a tragédia ática – a arte mais sublime já criada com palavras – começou a nascer quando, na chamada *lírica coral*,[35] alguém destacou-se do grupo e, para facilitar aos espectadores/ouvintes a compreensão do que era relatado, transformou-se em narrador/ator, logo multiplicado por dois, três, quatro... O templo ático, a mais elevada expressão – ao lado da tragédia e da filosofia – do espírito grego, não existiria se Praxíteles, Fídias ou qualquer outro não houvessem percebido que as caneluras e o leve desvio da perpendicularidade daria leveza e luminosidade e eliminaria *la horrible pesadumbre* – como disse alguém – das colunatas dóricas, que parecem fixadas ao solo por titãs implacáveis. E o arcobotante, engenhoso sistema inventado, ao que parece, para elevar um pouco mais as

---

[33] V. nota 20, acima.
[34] Em grego συμ-βάλλω (ir/levar/lançar junto).
[35] Grupo (jogral) que recitava/cantava em conjunto.

pesadas paredes das igrejas românicas e assim dar maior luminosidade ao seu interior, transformou-se logo em instrumento através do qual as burguesias comunais nascentes em competição e a Igreja em seu apogeu lançaram aos céus as catedrais góticas, ambíguas e monumentais testemunhas tanto do poder e da riqueza das primeiras quanto da fé e do poder da segunda. E a descoberta das leis da perspectiva geométrica linear instrumentalizou as artes no Renascimento, em particular a pintura, transformando-a em veículo privilegiado da visão antropocêntrica e universalista das elites das afluentes cidades italianas dos séculos XV e XVI. E assim por diante.

O fenômeno de um detalhe técnico aparentemente aleatório e casual transformado em elemento central e decisivo com função simbólica parece-me estar presente em *Grande sertão: veredas*. Pois em quase todas as grandes obras da nova narrativa épica latino-americana o desfecho é apocalíptico – ou, quando menos, incerto e indefinido. Como, aliás, verbalizado explicitamente por Gabriel García Marquez no final de sua obra máxima:

"... porque as estirpes condenadas a cem anos de solidão não tinham uma segunda oportunidade sobre a terra".

Mas em *Grande sertão: veredas* não é isto que acontece, pois ao construir seu romance como *a narrativa de uma narração* Guimarães Rosa – personificando-se no *doutor* – faz deste o aedo vicário de um mundo arcaico, mítico-sacral, cujo ciclo se encerra para sempre, sim, mas que continuará eternamente presente depois de registrado em letra na *caderneta*. Assim, narrativa oral e narrativa letrada e personagem, aedo e autor fundem-se e insumem-se inextrincavelmente, sobrepondo-se à perecibilidade dos sons – que no passado se perdiam ao vento no *sertão* já extinto – e sobrevivendo agora através da perenidade, ainda que relativa, da palavra escrita, a ser lida no litoral, que já tudo abarca.

Esta é a *intuição genial* de Guimarães Rosa, que através de um novo elemento técnico transforma sua obra em símbolo latino-americano e planetário da era em que – nas palavras de Riobaldo – "o mundo quer ficar sem sertão".

E aqui Kadaré e Guimarães Rosa se encontram e, como antípodas, se separam. Porque os irlandeses de Kadaré fracassam[36] na sisífica tarefa de recuperar um passado morto há quase três milênios, enquanto o *doutor* de Guimarães Rosa, como o último aedo, registra para o futuro o derradeiro lucilar de um mundo do qual ele, Rosa, ainda fora parte.

Paulo Francis afirmou um dia que Dilermando de Assis, ao disparar sua arma contra Euclides da Cunha, assassinara um dos dois únicos gênios que o Brasil produzira ao longo de sua história. Sendo Machado de Assis o outro. Às vezes, tendo a acreditar que, por *Grande sertão: veredas*, Guimarães Rosa somou-se a eles, como terceiro.

---

[36] No romance de Kadaré, dois pesquisadores procuram descobrir as leis da elaboração/ evolução da epopeia clássica (de Homero, daí o *H*). Para tanto, gravam os cantos de aedos/rapsodos das montanhas do norte da Albânia, que ainda percorrem a região recitando epopeias, como há milênios. O encontro/confronto entre estes dois mundos estranhos termina em desastre.

III
A ARTE, O ARTISTA E O PODER

A ARTE, O ARTISTA E O PODER

Foi no início da década de 1980. Certo dia, jovem, bela e rica herdeira invadiu minha sala na Universidade e – para usar um eufemismo – abordou-me explicitamente, e com certa grosseria. Dura e longamente treinado nos antigos seminários da antiga Igreja romana e desde sempre fiel praticante do igualitarismo radical paulino de *Gálatas 3,28*,[37] expulsei-a instantaneamente da sala – e com equivalente rudeza. Afinal, nos jovens pode-se tolerar a arrogância e a ignorância, porém jamais a incivilidade e a má educação.

E assim, *in limine* e com vetor inverso, liquidei o problema. Problema, aliás, que as e os iguais na sandice e na ignorância apreciam hoje debater, argumentando com esta fantástica novidade que, na tradição ética israelita-cristã, tem pelo menos dois milênios: a igualdade de gênero...

---
[37] "Não há judeu nem grego, não há livre nem escravo, não há masculino e feminino, pois vós sois um em Jesus, o Messias."

E fui cuidar de meus afazeres, esquecendo completamente o inusitado episódio. Mas eis que um dia, década e meia depois, alguém me telefona:
– Eu sou a X. Preciso falar com o sr.
– Ahn?! Quem?
– A X. O sr. não se lembra de mim? Fui sua aluna de... no ano...
Claro, então lembrei. Para resumir a questão: sua família preparara um grande evento empresarial/social comemorativo e necessitava urgentemente de uma assessoria especializada na área de *marketing*/comunicação.

No dia seguinte, fui encontrar-me com o responsável, aliás o próprio diretor-presidente da organização. A situação era complicada: em 72 horas eu deveria executar tarefas que, em condições normais, exigiriam dez a quinze dias de trabalho. Mas a remuneração oferecida era irrecusável. Necessitado, aceitei a proposta, apesar de estar consciente dos imprevistos. Que realmente surgiram, mas sob forma e natureza jamais por mim imaginadas.

O INESPERADO

Voltei para casa e comecei a trabalhar. Afeito, por longos anos, ao ritmo frenético das redações de jornal, no início da madrugada do quarto dia eu completara a missão.

Sob os rústicos parreirais em latada de Três Vendas de Catuípe eu aprendera a consumir álcool, porém exclusivamente durante as refeições, tradição peninsular à qual me mantenho fiel até hoje. Mas naquela madrugada a tensão e o cansaço haviam atingido tal nível que, pela primeira e única vez em minha vida, ingeri uma ou duas doses como estupefaciente – *para baixar o estresse*, como se diz na vulgar terminologia de hoje. E fui dormir. Não consegui.

Então ocorreu algo estranho e inesperado. Era outono. E pensando nas douradas folhas de um plátano que, diante de minha janela, eu vira caírem, e naquela jovem, bela e rica herdeira, que até então eu não tornara e até hoje não tornei a ver, peguei caneta e papel e, em semivigília, escrevi, aos cinquenta anos, meu primeiro poema:

Elegia

Chegara o outono
E as cadentes folhas
Em dourado luto
O chão bordavam
Na mansa luz do entardecer.

Na involuntária traição,
Lembrei de ti,
E de eras mortas,
Quando eras tudo
O que eu podia.
E o que não.

Vem! Amor,
Sopro fugaz
Na face do universo,
Que eterno gira
Em sua dança eterna,
Indiferentemente.
Talvez um dia
Um casto abraço
Sele a paz de nossas almas
Antes de partir.

Então consegui dormir. A ressaca manifestou-se pela manhã, ao acordar. E chegou por etapas, ao longo de dias, meses, anos. E parece-me que apenas agora, mais de duas décadas depois, está a terminar. Explico.

ONDAS DE CHOQUE

O primeiro choque foi uma sensação de irrealidade: naquela madrugada eu escrevera um poema! Mas que absurdo! O que as pessoas iriam pensar de mim!? O que meu filho iria pensar? Isto eu sabia exatamente. E foi assim que ele reagiu, tempos depois, ao saber do fato:

– Só me faltava esta! Meu pai virou bicha!

O que pouco me importava. Afinal, como diria o ator José Mayer, ele carregava ainda o peso de sua geração... E, além do mais, eu tinha uma boa desculpa: Catulo, o primeiro grande lírico latino, fora qualificado de *efeminado*, ou *florzinha*, por escrever poemas de amor. Isto eu sabia também. Meu problema era outro, e para mim, à época, extremamente grave e perturbador: o pavor do ridículo.

Em outros termos: o que seria de minha imagem pública? Eu, professor e instrutor exigente, duro, implacável, jornalista famoso na província, publicista político contundente e, além do mais, economista, como é que eu podia escrever poeminhas idiotas!? Era o fim! Era tudo o que meus inimigos e desafetos esperavam! Eu vacilara. Um poeta!? Pobre-diabo!

E, no fundo, eu lhes dava razão! E eis que, nas semanas seguintes, veio o segundo choque: pois continuei a escrever poemas... A conclusão era inevitável: eu perdera o controle sobre mim próprio! De nada haviam servido os doze duros anos nos quartéis em que a herdeira do Império Romano preparava os integrantes de sua tropa de elite, que, à custa de sangue, suor e lágrimas, aprendiam a controlar seus instintos, civilizar-se e civilizar os outros. E assim conquistar o mundo. Sim, eu vacilara...

E o conflito não cedia, prolongando-se pelos anos seguintes. E em determinado momento ele alcançou seu ápice. Foi quando, no terceiro choque, dei-me conta de um paradoxo: eu apreciava o que detestava, podendo aplicar a mim próprio, literalmente, a afirmação de Paulo de Tarso em *Romanos 7,15*:

> Não consigo explicar o que faço; pois não faço o que pretendo mas sim aquilo que detesto.

Com efeito, desde sempre leitor do Segundo Isaías, de Píndaro, de Horácio, de Ovídio, de Dante, dos *metafísicos* ingleses, de Leopardi, de Fernando Pessoa e de tantos outros máximos líricos cultuados há séculos e milênios pela tradição ocidental, como é que eu poderia depreciar o que eu fazia!? Não importava, nem importa, se meus poemas tinham/têm algum valor. Importava apenas que meu comportamento em relação a eles revelava, inequivocamente, um quadro de esquizofrenia intelectual para o qual eu não encontrava explicação.
A estas alturas, já não me preocupavam inimigos e desafetos. Mesmo porque meu drama era secreto – eles não tinham acesso a ele. Além do mais, eu já me antecipara a tudo e a todos ao abrir meu terceiro (!) livro de poemas com *Ars poetica pós-moderna*, um poemeto que, publicado em *Zero Hora*, provocou silencioso *frisson* na cidade:

Nunca pensei
Em fazer poemas,
Coisa de ociosos,
Inúteis, tolos,
Ou então de ricos,
Desocupados,
Que jamais souberam
Em quanto importa
O duro pão
Ganhar eretos.
Mas a Musa um dia,
Tarda e *gauche*,
Desceu do empíreo,
Ou de onde fosse,
E ditou com fúria:
"Toma, escreve, canta
O amor, a morte,
A dor, a sorte
E grita ao mundo
O que não ousas
Na frase fria
Dizer sem arte!"
E lá fui eu,

Canhestro estro,
A mirar tem'roso
Os avitos cumes
Que no Ocidente
De Polímnia o gênio
Em seu seio guardam.
E me calei.
Mas astuta a Musa,
De ciciante verbo,
Sussurrou segura:
"Em torno observa
A atravancada grei
De pobres-diabos
A catar coitados
Esforçados cacos
De metro duro,
Senso nulo,
Menos rima
E pior sintaxe!"
E me calei!
Depois, mais tarde,
O fado aceito,
Em torno olhei.
E então, contrito,
Para mim pensei:
"Fazer isto
Também eu sei!"

Sim, com isto eu, digamos, *saíra do armário*. Mas não resolvera meu drama: como Jó, ali estava eu, nu e solitário. E eis que um dia, passados mais alguns anos, Platão e Lênine vieram em meu auxílio.

O ARTISTA E O LEGISLADOR

Não que eu pretenda cometer o inominável crime de comparar o múltiplo e máximo gênio do Ocidente, o sublime autor de *Fédon*, *Críton* e tantas outras obras imortais, com o criador do marxismo-leninismo, esta ideologia de facínoras e psicopatas, esta religião sem deuses, monstruoso produto da união do subluminismo ocidental com o despotismo oriental. Não! Mas há um ponto em que ambos, em seu viés de legisladores, se aproximam – ainda que, evidentemente, em nível e forma díspares. Explico.

Em minha juventude, ao ler *A república*, chamara-me a atenção a conhecida e sempre citada passagem em que Platão descarta os artistas em seu projeto. E daquela época ficara-me a impressão de que ele não fornecia qualquer explicação para o fato. Quando – exatamente alguns anos depois do "choque" dos poemas – fui obrigado a ler,[38] do início ao fim, toda sua obra supérstite, encontrei, creio que em *As leis*, sua justificativa, como sempre cristalina e apodítica. O artista, diz ali Platão, por ter como matéria a experiência humana em sua totalidade é obrigado a registrar em sua obra o bem e o mal. Por sua parte, o legislador não pode fazer tal, pois ele busca, por definição, ordenar a sociedade segundo um único e exclusivo princípio: a busca do bem comum. Platão não avança em seu raciocínio. Mas fica explícita a relação potencialmente conflitiva entre os dois planos: o da criação artística e o da política.

E Lênine, em seu estilo direto e grosseiro, rasga o véu e anuncia:

O artista tem todos os direitos.
Inclusive o de ser expulso...

E com isto demarca rigidamente os limites entre a ação do artista e a do legislador. Mas Lênine – ao contrário de Stálin – não era simplesmente um psicopata sanguinário e com este famoso dito reconhece a especificidade do artista e de seu campo de ação. Desde que não afronte o poder...

Em resumo, ambos, Platão e Lênine, afirmam, cada um à sua maneira, que as áreas de ação do artista e do legislador são radicalmente distintas e, potencialmente, conflitantes. Porque a matéria do artista é a totalidade da experiência humana, tal como ela surge diante de seus olhos em espaço e tempo determinados. Assim, a matéria do artista é, por definição, ilimitada, delimitada apenas pela amplitude daquela mesma experiência.

---

[38] Ao começar a redigir *Para ler o Ocidente*. Porto Alegre: BesouroBox, várias edições.

Diversamente, a matéria do legislador é específica e limitada, já que seu objetivo é o ordenamento da vida de um grupo humano particular em busca, pelo menos teoricamente, do bem comum – independentemente do que isto signifique em termos de ética, quer dizer, de valores comportamentais.

Resumindo: o artista trabalha, *a posteriori*, com a realidade existente; o legislador objetiva dar a esta um (novo) ordenamento.

Ao atingir este ponto em minhas reflexões, compreendi a origem do conflito que em mim se instalara. De um lado, minha vida, desde a infância, fora moldada pelos rígidos padrões da *paideia* clássica greco-romana herdada pela Igreja, e sobre ela havia se construído minha segunda natureza, de acordo com os princípios de disciplina, ordem e racionalidade – para assim entender o mundo e dominá-lo. De outro, inversa e instintivamente, eu colocara, digamos, entre parênteses, não meus dotes artísticos – que não tenho – mas meu fascínio pela pintura, pela arquitetura e, particularmente, pelos grandes clássicos da arte literária ocidental.

Então, ao final do caminho, percebi que a coexistência, paralela mas sem intercomunicação, daqueles dois elementos – a absoluta racionalidade e a sensibilidade artística – fora o detonador do conflito. Que desaparecera tão logo eu identificara sua origem e sua natureza.

O PODER E A ARTE EM *MAINSTREAM*

Esta crônica sobre uma crise pessoal singular prolongou-se demasiado. Mas há duas questões que, pelo menos *en passant*, devem ser abordadas. A primeira delas é: o conflito teria vindo à tona no caso de eu ter escrito uma obra de ficção (narrativa) ou um drama para ser levado ao palco? A resposta é, sem dúvida, *não!* Por quê? A explicação prefiro deixá-la para o próximo ensaio, que tem por tema os *gêneros literários*.

A segunda questão é: é intrínseco à natureza da arte e do poder estarem eles sempre em conflito? Não! Por quê? Vejamos. Sobre os conceitos de *arte* e *artista* foram escritos no Ocidente, desde Platão e Aristóteles, centenas, milhares de ensaios e livros. E bem que eu apreciaria escrever extensa obra sobre o tema, cujo capítulo inicial seria uma tentativa de definir com rigor o conceito de *arte*. Mas... *ars longa, vita brevis!* E assim aqui pretendo apenas comentar a ideia, recorrente no Ocidente pelo menos desde os sécs. XVIII/XIX, de que o artista é sempre um rebelde e a arte sempre contestadora. Tema, aliás, que se analisado sob o arco de 2.500 anos – desde os líricos da Jônia/Eólia – também exigiria alentado volume. Assim, *à faute de mieux*, seguem abaixo alguns tópicos que, entre outros, teriam lugar privilegiado em uma análise do assunto.

1 A existência coetânea, documentada, de uma arte contestadora/rebelde frente à realidade social e de outra, digamos, orgânica/conformada a ela remonta aos primeiros séculos da civilização ocidental-mediterrânea. Na Jônia/Eólia, Arquíloco de Paros (c. 650 a. C.) e Safo de Lesbos (c. 600 a. C.) produzem poemas claramente alinhados à primeira.[39] E, na Grécia Continental/Peninsular, Tirteu de Esparta (c. 650 a. C.)[40], Teógnis de Mégara (c. 650-580 a.C.), Sólon de Atenas (c. 640-558 a.c.) e Píndaro de Tebas (521-441 a. C.) são as vozes sonoras da segunda.[41]

Na Ática, ao longo do séc. V, quatro grandes dramaturgos – três deles em boa parte contemporâneos – perlustram o caminho que vai da primeira à segunda, registrando, para a eternidade possível, o apogeu, a crise e a queda do império de Atenas.[42] Assim, a *Oréstia* (Agamênon, As Coéforas e As Eumênides), de Ésquilo, é um sublime e derramado canto de louvor à *pólis* ateniense; *Antígone*, de Sófocles, é, ao mesmo tempo, a suprema e inolvidável defesa da dignidade do indivíduo e a denúncia feroz, ainda que

---

[39] V. *Para ler o Ocidente*, p. 61-63.
[40] Idem, p. 65-66.
[41] Id., p. 70-72 e 81-83.
[42] Id., p. 99-132.

contida, do totalitarismo facinoroso de um sistema que começava a ruir diante de um mundo em intempestiva transformação; e as tragédias de Eurípedes e as comédias de Aristófanes, ainda que deles fazendo parte, expõem o caos e tripudiam sobre o desastre de Atenas, lançada, em pouco mais de meio século, das alcandoradas alturas do Olimpo às profundezas tenebrosas do Tártaro – como é o destino de todas as civilizações neste vale de lágrimas que é a terra.

2 Portanto, a própria história da arte ocidental – aqui, especificamente a literária – é prova de que não há qualquer relação direta, necessária e intrínseca entre contestação/rebeldia e arte, valendo aqui também a fala de Mefistófeles a Fausto:

> Cinzenta, meu amigo, é toda teoria
> E verde a dourada árvore da vida!

Aliás, se abrirmos completamente o ângulo de visão, tanto diacrônica quanto sincronicamente, abrangendo toda a produção considerada simbólica (artística), o que observamos é exatamente o inverso. É evidente, por mais que delirem os teóricos, jamais saberemos o que os criadores de Altamira, de Lascaux, da Serra da Capivara ou de Stonehenge pensavam ou procuravam expressar. Mas se, para ficar apenas no Ocidente, partirmos da *Ilíada* e da *Odisseia* e chegarmos, digamos, à arquitetura dos sécs. XVII e XVIII, a constatação é uma obviedade: em todos os grandes ciclos e em quase todas as áreas, poder, dinheiro e arte estão organicamente fundidos no mesmo *mainstream* histórico, transformado em parâmetro definidor da própria época.

3 Assim, como já assinalei em outro lugar,[43] a *Ilíada* está impregnada, tematicamente, da visão de mundo de "aristocratas arrogantes, ricos e conscientes de seu poder, que viviam cercados de servos e escravos em confortáveis palácios e mansões" da Jônia/Eólia. E a *Odisseia* reflete "a visão de mundo de senhores feudais em uma sociedade civilizada e pacífica", localizada possivelmente nas regiões da Grécia Central/Peninsular.

---

[43] Id., p. 41ss.

Em Atenas, no século de Péricles, os artistas de todas as áreas – da arquitetura à ceramística e da escultura à tragédia – eternizam a *pólis* e seus mitos e os ideais de beleza de sua sofisticada e cosmopolita elite. Inclusive quando os contestam, como é o caso, segundo foi visto acima, de Sófocles em *Antígone* e de Eurípedes e Aristófanes.

Em Roma, no século de Augusto, a maioria absoluta dos grandes escritores são integrantes da elite e dos círculos palacianos, quando não convictamente áulicos em termos ideológicos, como é o caso clássico de Virgílio, cuja *Eneida* é um panegírico explícito do Império, de Augusto e de seus feitos.[44] E até o "rebelde" Ovídio, com seus *Fastos* – que celebram os grandes eventos do passado de Roma –, pode ser associado a este grupo.

Na Idade Média, a arquitetura, a escultura e os vitrais – que compõem o espantoso milagre das grandes catedrais góticas dos sécs. XII, XIII e XIV – nasceram, como disse Worringer,[45] da *vontade artística* (*Kunstwollen*) da era em que se fundem a visão de mundo da Igreja, que submetera e insumira os bárbaros, da nobreza feudal gestada a partir do *renascimento carolíngio* e do poder emergente da burguesia mercantil da *Île de France* e das regiões circunvizinhas – quando já se começava a vislumbrar os contornos da futura Europa moderna. E o que é o Renascimento dos sécs. XV e XVI senão o produto da supremacia e da riqueza do Estado papal, do poder econômico e financeiro das grandes cidades da península e da expansão de individualidades geniais em um contexto de liberdade e oportunidades jamais visto depois da derrocada do Império do Ocidente nos sécs. V e VI?

Para terminar, a arquitetura, a escultura, a pintura e a música dos sécs. XVII e XVIII – período tradicionalmente denominado *Barroco* – são a expressão simbólica do proselitismo triunfalista da Igreja da Contra-Reforma e do apogeu das monarquias absolutistas, fossem elas – como diz Hauser – católicas ou protestantes.

---

[44] Id., p. 466 ss.
[45] *La esencia del estilo gótico*. 89 ss., Buemos Aires: Nueva Visión, 1967.

E como poderia ser diferente? Poder, dinheiro, educação e arte sempre foram inseparáveis. E sempre serão, enquanto a natureza humana continuar a mesma, como diz o nunca por demais citado mantra tucidideano. Sim, a arte, por definição, foi *engajada* desde sempre, muito antes de os "intelectuais" franceses e o proselitismo político submarxista terem abastardado e posto em voga o termo em meados do séc. XX... Mas, então, de onde procedem estes obtusos conceitos de *artista rebelde*, *arte de contestação* etc.?

UM PARALELO

Em comentários sobre Agostinho de Hipona – particularmente se referidos a *Confissões* – é comum encontrar afirmações como "ele foi o primeiro homem moderno", "o precursor de Freud", "o pioneiro da psicanálise" etc.

Não é aqui o lugar adequado para discutir o valor nulo, ou pouco mais que retórico, de tais generalidades. O problema é que elas levam o leigo, ou o desavisado, à crença de que o bispo de Hipona foi o primeiro elo de uma mutação genética do *homo intellectualis* do Ocidente. Ora, em uma perspectiva histórico-antropológica, isto não passa de um equívoco – ou de uma enorme tolice. O problema é o ângulo de visão.

Africano por nascimento, romano por formação, cristão e herege, gênio e devasso, perdido em meio ao caos das invasões bárbaras e da derrocada do Império do Ocidente, desesperado e solitário, Agostinho, desde sua primeira juventude, busca um norte para sua vida. E vai finalmente encontrá-lo na Igreja romana emergente, herdeira dos Césares e de suas legiões – agora armada apenas com sua fé e seus dogmas. E assim, analisando o mundo à sua volta e investigando-se a si próprio, Agostinho constroi-se, livre, como precursor e protótipo de um novo mundo que surgia do caos. E que levaria mais de um milênio para consolidar-se como Europa moderna. Mas o que tem ele a ver com o conceito de *artista rebelde*?

É que ele é perfeito paralelo para compreender a origem do mesmo. Porque o bispo de Hipona, por escrever *Confissões* e desvelar sua interioridade, não representa uma mutação genética. Outros, muitos outros, haviam feito coisas semelhantes antes dele. Basta citar Heráclito ("Investiguei-me a mim próprio"), os já citados Arquíloco de Paros e Safo de Lesbos, Hesíodo, Píndaro, Sólon de Atenas, Horácio,[46] Ovídio com suas lamúrias, o autor do *Eclesiastes,* Aristóteles, com seu poema em memória de Hérmias de Atarneia, seu discípulo e amigo, assassinado barbaramente pelos persas. Etc.

Ah, mas Agostinho o faz de forma direta, livre, derramada! Sim, o faz, mas não porque a natureza humana sofrera alguma alteração. E sim porque as condições históricas eram radicalmente outras. Porque Agostinho está envolto na crise terminal de uma civilização, identificada com o totalitarismo da *pólis* e com o despotismo do Império, dela herdeiro. E nesta civilização a liberdade do indivíduo estava duramente cerceada, tanto pela natureza intrínseca do próprio sistema quanto pelo número restrito dos que dispunham de poder, dinheiro e formação.[47] E neste contexto Agostinho é o gênio que, solitário e desesperado diante de um mundo em ruínas, desempenha o papel de paladino de uma nova ética e de uma nova civilização, como toda a sua obra o comprova – particularmente *Confissões* e *A Cidade de Deus*. Porque ele sentira na própria carne que o caos permite ao indivíduo ser absolutamente livre. Mas o destrói. Porque civilização é repressão, é controle, é ordenamento.

Mas o que Agostinho tem a ver, especificamente, com o conceito de *artista rebelde* etc.?

A ORIGEM DO CONCEITO

Arte, no sentido que aqui lhe é dado, pode ser definida como *emoção aderida à matéria.* A união destes elementos – a emo-

---

[46] Em seu agradecimento ao pai. V. *Para ler o Ocidente*, p. 442.
[47] Segundo historiadores calculam, no período imperial a taxa de alfabetização alcançava, no máximo, 2%.

ção e a matéria – resulta em um *símbolo*,[48] no qual a palavra, o som, a cor, o mármore etc. deixam de ser matéria neutra, inerte ou bruta e adquirem um sentido específico que lhes é, digamos, "imposto" pelo artista, aquele indivíduo que pelo talento inato – mais a formação e o treinamento – possui tal capacidade. Portanto, para ficar apenas no Ocidente, não há nenhuma diferença entre os gravadores de Lascaux e Altamira, Homero, Sófocles, Fídias, Miron, Horácio, Dante, Piero della Francesca, Miguel Ângelo, Shakespeare, Mozart, Fernando Pessoa etc. Todos eles captam o ar/a atmosfera/a emoção de sua época e a perenizam – para uma eternidade relativa – na matéria. Ou, para utilizar uma expressão de Ezra Pound, exercem a função de antenas da raça.

E como tais eles são sempre iguais. Mas como – dirá alguém –, se eles produziram coisas diferentes e até totalmente estranhas entre si?! Não, eles não mudaram, nem mudarão. Pelo menos até hoje, como diria (de novo!) Tucídides, e enquanto a natureza humana continuar a mesma. O artista, como artista, é sempre idêntico em sua função. O que se altera, e não raro radicalmente, são as condições históricas – inclusive os processos técnicos. E com isto, para não nos alongarmos mais, voltamos ao paralelo com Agostinho de Hipona.

Porque Agostinho, como foi visto, não representou uma completa novidade nem muito menos uma alteração da natureza humana. Ele foi, simplesmente, um produto das mudanças cataclísmicas que haviam sepultado para sempre o mundo antigo. Assim também, cerca de um milênio depois na mesma Europa, a expansão do comércio, a riqueza das cidades italianas e dos burgos em geral, a consolidação do Estado papal, a organização dos primeiros Estados nacionais, a expansão, ainda que relativa, da educação e a progressiva descoberta de novas técnicas – que culminam na invenção da imprensa de caracteres móveis – ampliam, em dimensão jamais antes vista, o espaço de ação, a liberdade e a autonomia dos indivíduos – pelo menos de uma parcela significativa deles. E se a época de Agostinho fora de destruição, caos e pessimismo, a

---

[48] Em grego, συμ-βάλλω significa *lançar junto*.

dos sécs. XIV e XV, inversamente, se caracterizava por construção, renascimento e otimismo.

Neste novo mundo que surgia, o artista começa a perder seu caráter áulico/institucional, *orgânico* – ainda preponderante no mundo feudal/gótico – e progressivamente se autonomiza. Evidentemente, as características e a rapidez deste processo variam de acordo com o setor e o espaço.[49] E não é por acaso que na literatura – a arte da palavra e, por definição, estritamente "pessoal" – o fenômeno seja imediato e adquira amplas dimensões, inclusive geográficas: Itália (Bocaccio, Petrarca, Dante), França (Rabelais, Ronsard, Villon, a lírica provençal), Inglaterra (Chaucer, Shakespeare e os elisabetanos, os *metafísicos*) e Espanha (o romance picaresco, Cervantes etc.). A pintura também poderia ser tomada como exemplo, em alguns casos, ainda que neste período ela fosse bem menos "pessoal" do que a literatura.

Mas – no que interessa aqui – nos restringindo à questão dos conceitos de *artista rebelde, arte de contestação* etc., o que caracteriza especificamente o artista pós-medieval, pós-renascentista ou, na falta de melhor termo, *moderno?* Ora, pelo antes visto, o que o caracteriza é sua posição na sociedade. Mas esta não é uma definição. É uma tautologia. A questão real é: qual é esta nova posição? Como ele reage a ela? Há uma mudança no artista ou em sua função? Ele continua como "antena da raça"? Ou tal papel desaparece, passando a ser simplesmente um "rebelde"?

REMBRANDT: O PROTÓTIPO

Por volta de 1660, Rembrandt (1606-1669) enfrentava problemas familiares e financeiros. Tendo perdido toda sua fortuna, fora à falência e era acossado de todos os lados por seus credores. Mas sua fama de gênio, construída ao longo de algumas décadas, continuava de pé. O que não se materializava em encomendas,

---

[49] A arquitetura – por definição a *arte do poder* – praticamente desaparece no Ocidente a partir de meados do séc. XVIII.

pois, além de ser terrivelmente temperamental, já era considerado *fora de moda* pelos endinheirados de Amsterdam.

Nesta situação, o Concelho da cidade, talvez para ajudá-lo, decidiu encomendar-lhe um grande painel a óleo para adornar o Salão Nobre do prédio da Prefeitura. E, pelo que se pode supor, forneceu-lhe o tema: a rebelião dos batavos contra Roma, em 69-70 d. C., sob Vespasiano. Necessitado, Rembrandt aceitou a tarefa. Ali se iniciava um dos mais incríveis e emblemáticos capítulos da história da pintura, e da arte ocidental em geral.

Em 1662, Rembrandt termina a obra e a instala no Salão Nobre. O resultado é um cataclisma, um terremoto, que abala Amsterdam inteira. Os membros do Concelho, injuriados, determinam a imediata retirada do painel, mandam devolvê-lo a Rembrandt e decidem não pagá-lo. Rembrandt, desesperado e falido, corta o painel em vários pedaços e tenta vendê-los separadamente. Acredita-se que não o tenha conseguido. O certo é que, dos quatro ou cinco pedaços, apenas um sobreviveu, hoje conhecido como *A conspiração de Claudius Civilis*. Este fora o líder daquela revolta dos batavos contra Roma, sob Vespasiano.

O painel, isto é, a parte que dele sobreviveu, é algo espantoso, inacreditável. O que desejavam os emproados membros do Concelho de Amsterdam, uma das mais ricas e avançadas cidades da Europa de então? Sem qualquer dúvida, uma obra que aulicamente celebrasse o passado e o presente: a nobreza dos rebeldes pais da pátria batava e o esplendor de seus herdeiros dezesseis séculos depois. E o que Rembrandt lhes entrega? Um grupo repugnante de bárbaros andrajosos, piratas de cabotagem, mal egressos de suas furnas pré-históricas – e, por trás, invisíveis, as legiões romanas, com seus mantos esvoaçantes e seus elmos reluzentes. E lhes diz:

– Aí está, nobres membros do Concelho, vosso passado! Desta estirpe é que sois! E é assim que vos vejo!

E então, pelo mistério do gênio e da arte, desta audácia inaudita e suicida nasce o primeiro e único grande manifesto de toda a arte pós-medieval e pós-renascentista da Europa e de suas periferias. Diante dele, os conflitos de Júlio II com Miguel Ângelo não são mais do que rusgas de egos em disputa; os *manifestos* modernistas, dadaístas, cubistas e quejandos apenas tardios e vazios ecos do passado; e os murais de Rivera no Centro Rockefeller em Nova Iorque, com Marx e Lênine ao centro, meros rabiscos adolescentes de um grafiteiro mambembe sem qualquer noção de *história* – o que não significa que não possam, dialeticamente, ser *arte*. Neste caso, produto da união teratológica do primitivismo panfletário da periferia colonial ibérica com a monumental ingenuidade do puritanismo ianque. Este, aliás, logo deu-se conta da tolice. Como os membros do Concelho de Amsterdam...

Mas, tornando a Rembrandt, qual é, para a arte ocidental-europeia, o significado profundo de seu radical e dramático gesto? Para mim, ele parece óbvio: é a proclamação de que o artista começara a perder sua função *orgânica*, seu espaço *no* poder. Seu futuro é, cada vez mais, estar só e seu poder apenas aquele que fora, era e continuaria sendo para sempre exclusivamente seu: o talento, a formação, o treinamento. O resto havia sido produto das condições históricas, por definição externas a ele. E estas já vinham mudando – o que há muito já podia ser percebido na arte literária, como foi visto – e mudariam cada vez mais rapidamente. E Rembrandt, no ponto crítico desta ruptura, capta, condensa e fixa para sempre, em sua tela revolucionária, a essência do artista, seu único, perene e exclusivo poder: ser ele próprio, antes que antena de um grupo, mesmo que, dialeticamente, continuando a sê-lo. De agora em diante, decreta Rembrandt, o artista, condenado pela nêmesis de sua própria liberdade, será um solitário.

E assim se fecha um ciclo – ou o ciclo – da grande arte visual ocidental-europeia, em particular da pintura, antecipando o frenesi individualista dos sécs. XIX e XX. Porque David foi o último artista *orgânico* e Gaudí, na periferia intraeuropeia, o último arquiteto. E o *realismo socialista* e von Speer o epitáfio teratológico da arte *orgânica*, institucional. A arte e o poder haviam se separado para sempre.

Assim, os artistas já não captam mais as ondas coletivas. Só lhes resta o desvelamento de seu próprio mundo interior.[50] Mas eles continuam sendo, potencialmente, as antenas da raça. Por isso, cá e lá, voltam a entrar em sintonia. Porque se os sinos da *Abertura 1812* de Tchaikovski são, inequivocamente, os sinos de Moscou, as explosões da *5ª Sinfonia* de Shostakovitch podem ser as dos canhões da guerra. Mas *elas podem ser também*, e o são, o som seco dos fuzis – sob o guante de Stalin – dos expurgos da década de 1930. Tudo depende do regente e da plateia. Afinal, o artista pode ser "rebelde" e "orgânico" ao mesmo tempo... E assim, eventualmente, salvar sua vida – e sua honra póstuma. Porque o símbolo é plurívoco, a plateia heterogênea e as condições históricas mutáveis. Este é o poder da arte: transcender o tempo e ser provisoriamente perene.

---

[50] Desaparecidas as grandes *instituições,* é o que lhes resta. Além do mercado para suas obras.

IV
SOBRE OS GÊNEROS LITERÁRIOS

(ANOTAÇÕES PARA MIM MESMO)

SOBRE OS GÊNEROS LITERÁRIOS

Foi há muitos anos. Creio que em 2001. Ou 2002. Por ocasião da Feira do Livro em uma cidade do interior do Rio Grande do Sul, fui convidado para dar algumas palestras, uma das quais sobre Mário Quintana, de quem, durante muitos anos, eu fora colega na redação do velho *Correio do Povo*. Mas isto não vem ao caso, a não ser como simples curiosidade.

O que importa é que o local desta palestra era o amplo salão nobre do colégio de irmãs religiosas, um dos poucos que haviam sobrevivido, no Rio Grande do Sul e no Brasil, às cataclísmicas mudanças históricas do último meio século. Deste salão nobre, através de grandes janelas, tem-se ampla visão da praça central da cidade.

Pouco antes de se iniciar a palestra a irmã diretora veio falar comigo:

– Professor, estão presentes cerca de 400 alunos do Curso Médio, de vários colégios da cidade. São bem barulhentos. O senhor acha que não vai ter problemas?
Eu respondi que não, que estava acostumado. Só perguntei se o microfone estava funcionando bem. Estava. Mesmo assim, senti certo receio. Olhei para a ampla praça, que começava logo ali, do outro lado da rua. Então tive uma ideia. E iniciei mais ou menos assim:
– Imaginem que um grupo de vocês esteja vindo para este colégio, de manhã, bem cedo. Não há quase ninguém nas ruas. Mas no centro da praça vocês percebem um homem sozinho, de pé, sobre um banco, fazendo gestos e falando alto, como se houvesse pessoas escutando. Mas não há ninguém. O que vocês pensariam dele?
Todos ficaram em completo silêncio. Repeti a pergunta. E então um rapaz levantou timidamente mão, e falou:
– Será que não era um louco?
Alguns riram. E eu continuei:
– Perfeitamente. É natural pensar assim. Agora imaginem outra cena. No mesmo local e na mesma hora, lá está uma mulher vestida com uma túnica branca, rasgada, e com uma criancinha nos braços. A mulher corre de um lado para outro, grita, chora, se ajoelha, como se estivesse pedindo compaixão. E vocês olhando. O que pensariam?
Então alguém falou alto:
– É claro, esta é louca mesmo!
E eu continuei:
– Sim, claro. Mas agora imaginem outra cena, a última: lá, sentado em um banco da praça está um rapaz, com um violão, cantando (melhor do que eu, é óbvio!) aquela canção que alguns de vocês já devem ter ouvido:

> Para que chorar o que passou,
> Lamentar perdidas ilusões,
> Se o ideal que sempre nos acalentou
> Renascerá em outros corações?!

– Ah, mas isto é do José Augusto! – disse uma jovem de mais idade.
– Eu sei – eu disse – e, salvo engano, a melodia é de *Luzes da ribalta*, de Charles Chaplin. Não conheço a letra original nem sei de quem é a tradução.[51] Mas isto pouco importa! Eu quero é saber se vocês chamariam de *louco* o rapaz do violão.
– Não – disse a moça – Por que ele seria louco?
E eu:
– Muito obrigado! Vocês definiram com precisão os três tipos básicos, ou *gêneros*, da arte da palavra: *narrar/contar* ações (narrativa), *representar* ações (teatro) e *meditar/pensar* a respeito da vida e do mundo (*lírica*, em algumas línguas também denominada genericamente de *poesia*). E qual é uma das características fundamentais que definem estes três tipos, ou gêneros, da arte da palavra, ou *arte literária*? Sim, é a que vocês indiretamente disseram: os dois primeiros pressupõem uma plateia, para ouvir/ver. Eu diria que são *artes sociais*. O terceiro não, porque é uma meditação. Um ato solitário. Então agora vamos falar de Mário Quintana, que, para mim, é o maior lírico, ou poeta, brasileiro.
Resumindo: o silêncio foi absoluto. E a palestra foi um sucesso. No final, a irmã diretora veio falar comigo:
– Como é que o sr. conseguiu?! Todos prestaram atenção. Muito obrigada!
Eu respondi que tinha certa prática, como professor e jornalista há quase quatro décadas. Só não disse a ela que eu nunca usara antes este método, digamos, pouco convencional, ainda que utilizasse sempre as mesmas ideias.
Anos depois, em outra cidade, em uma palestra para adultos, abordei o mesmo tema, de forma mais ou menos semelhante. Ao final, um senhor de meia idade veio falar comigo:
– Muito obrigado! Agora eu entendi o que eu faço! Eu escrevo poemas. Não sei se são bons ou ruins. Mas eu sempre achei estranho que, ao escrever, não me preocupe com os possíveis leitores. Agora sei que escrevo para mim mesmo. Assim é que é.

---

[51] Mais tarde fiquei sabendo que é de João de Barro (Braguinha).

AH, ESSES GREGOS...

Confesso que, impressionado com o resultado daquela minha palestra sobre Mário Quintana, até recentemente eu me permitia, lá de vez em quando, pensar que eu dissera algo de novo sobre a arte literária, algo que ninguém houvera dito antes. Pelo menos não desta forma.

Contudo – dura e longamente treinado para não *vacilar*, jamais baixando a guarda –, quando tive a ideia de redigir este texto me senti na obrigação de reler *A poética*, de Aristóteles. E lá estava! Ah, esses gregos... Como bem disse Mário Quintana, com sutil ironia:

> Como o burrico mourejando à nora,
> A mente humana sempre as mesmas voltas dá...
> Tolice alguma nos ocorrerá
> Que não a tenha dito um sábio grego outrora...

À semelhança de boa parte das obras de Aristóteles, *A poética* é um conjunto de "breves fragmentos truncados e simples referências autorizadas",[52] da mão do próprio Aristóteles ou, não raro, de anotações feitas por alunos do Liceu. Mesmo assim, a obra apresenta claramente um plano, que é o de estudar a natureza da arte literária, definida como "a arte que imita através da linguagem",[53] e que se divide, basicamente, em três partes: epopeia, tragédia e comédia. Destas, apenas a epopeia e a tragédia são analisadas.[54]

É nesta altura da obra que aparecem os famosos – e controversos – conceitos de *mímesis* (imitação) e *catarse* (purificação). De acordo com o primeiro, toda arte é *imitação* de ações/situações humanas. De acordo com o segundo, esta imitação atua sobre o ânimo do ouvinte/leitor/espectador, provocando nele a *purifica-*

---

[52] Francisco de P. Samaranch, *Aristóteles – Obras*. Madrid: Aguilar, 1967, p. 74.
[53] Capítulo I.
[54] Segundo tradicionalmente se afirma, a parte referente à comédia perdeu-se. Como se sabe, é a partir desta questão que Umberto Eco escreveu *O nome da rosa*, uma espécie de "policial crudito".

ção (emoções como alegria, tristeza, raiva etc.). Aqui não desejo ater-me à discussão de tais conceitos. Muitos já o fizeram. Pretendo apenas comentar brevemente alguns outros temas, a partir da obra, particularmente no referente aos gêneros literários.

CONCEITOS BÁSICOS

Inicialmente, há que admitir que os três primeiros capítulos de *A poética* são, não raro, pouco claros, repetitivos e até confusos. Ou *truncados*, como disse o comentarista antes citado. Contudo, com algum esforço parece possível extrair dos dois primeiros alguns conceitos fundamentais, ainda que nem todos ali totalmente explícitos:

1 – Toda arte é imitação.
2 – A arte literária é a arte que imita através da linguagem.
3 – A arte literária, ao contrário da *história* – que narra fatos ocorridos – e da *retórica* – que trata objetivamente da realidade –, é *criação* (*póiesis*).
4 – Esta distinção independe de a primeira – a arte literária – ser em versos (metrificação) ou de as duas outras – a história e a retórica – serem em prosa (sem metrificação). Ou vice-versa.
5 – Às vezes é difícil estabelecer com rigor o que é e o que não é *póiesis* na arte da linguagem. É o caso de alguns diálogos de Platão, nos quais se misturam criação e realidade factual.

Destes conceitos, expostos mais ou menos explicitamente nos dois primeiros capítulos de *A poética*, podem ser extraídos dois corolários:

a – Se toda arte é imitação, então imitação e arte podem ser considerados sinônimos. Esta sinonímia, porém, não é válida se os termos da proposição forem invertidos (toda arte é imitação, mas nem toda imitação é arte).
b – Se a arte literária é denominada *póiesis*, segue-se que tudo o que é produzido nas demais artes pode também ser assim denominado. O que fica evidenciado pela etimologia: em grego,

poiein/póiesis/poietés significam, respectivamente, criar/inventar/fabricar; criação/invenção/fabricação; e criador/inventor/fabricante.

Quanto a isto, é o suficiente. Mas o que mais me importa aqui – retomando o fio do início da meada – é um sexto conceito, exposto de forma direta e apodítica no capítulo III:

6 – Na arte literária "pode-se imitar narrando (fatos/ações) ou através de personagens representando (fatos/ações)".

Portanto, os conceitos básicos de *gêneros* ou *tipos* de arte literária foram estabelecidos e fixados com rigor por Aristóteles há cerca de 2.350 anos: a *narração* (epopeia) e a *representação* (tragédia e comédia). Como diria Mário Quitana:

– Eu não disse?! Aí está o sábio grego de outrora!

E assim nada restou para aquele ignoto conferencista de uma cidadezinha perdida no sul do Brasil... Mas, apesar de tudo, reivindico algum mérito no caso. Pois o que julguei estar inventando/encontrando serviu, se não a outros, pelo menos a mim. E assim, pedindo clemência aos manes de Aristóteles e Mário Quintana, pergunto: por que teria Aristóteles esquecido a lírica? E então o que disse Mário Quintana não se aplicaria neste caso?

ENTÃO, E A LÍRICA?

Deixando à parte a questão lexical/terminológica (*poesia* nas línguas neolatinas, *Dichtung* em alemão, *poetry* em inglês, por exemplo), por *lírica* entende-se aqui, genericamente, aquilo que, digamos, o *senso comum literário* atual aceita: um texto de dimensão variável, com ou sem rimas, com ou sem metrificação e no qual alguém expressa, em forma inteligível e quase sempre concisa e densa, emoções e sentimentos pessoais referidos a temas e eventos quaisquer.

Isto pressuposto, a forma apodítica e a evidente validade universal – enquanto a natureza humana continuar a mesma... – com que, no capítulo III de *A poética*, Aristóteles define a *narração* (epopeia/romance/conto) e a *representação* (tragédia/drama/comédia) não encontram na obra qualquer paralelo no referente à *lírica*.

Evidentemente, a análise, *en passant*, no capítulo I, dos vários metros e dos temas a que eles se ajustam pode ser entendida como referida ao que hoje denominamos *lírica*, e que então era o canto, individual ou em coro, acompanhado de instrumentos musicais, entre os quais estava a *lira*. Assim, considerados o ritmo e o som, é natural que à época esta atividade fosse adscrita à área da *música* antes que à da *linguagem*. O que explicaria por que Aristóteles, aparentemente, pouco se interessa pela lírica como "arte que se utiliza da linguagem". Mas, deixando de lado o fato de que o texto é realmente confuso, parece-me que por trás deste real, aparente ou suposto desinteresse de Aristóteles – cerca de três séculos depois dos grandes líricos da Jônia/Eólia, como Safo de Lesbos e Arquíloco de Paros – encontra-se algo mais sutil e profundo.

ESPAÇO PÚBLICO E ESPAÇO PRIVADO

Com a cataclísmica e intempestiva queda de Atenas, derrotada e ocupada por Esparta em 404 a. C., ao término da Guerra do Peloponeso, e com a desintegração do império que nascera com a vitória sobre os persas em Salamina e Plateia e fora conduzido ao apogeu por Péricles, abria-se um novo ciclo na história do mundo helênico – e, por extensão, do Ocidente em seu nadir. De um lado, encerrava-se ciclo vital da *pólis*, a cidade-Estado totalitária, que definira paradigmaticamente seu modelo na Grécia Continental/Peninsular. E abria-se a cortina de um incerto futuro para o Mediterrâneo – e para o Ocidente.

Mas foi exatamente nestas breves décadas – até a batalha de Queroneia (338 a. C.) – que Atenas atingiu seu zênite como centro cultural/intelectual do mundo helênico. E uma das coisas mais impactantes para quem lê pela primeira vez a obra supérstite dos grandes gênios áticos do período – Aristófanes, Tucídides, Platão, Xenofonte, Aristóteles, Demóstenes e Isócrates – é a candente obsessão, explícita ou implícita, de todos eles na busca de um novo *ethos*, de uma nova visão de mundo, de uma nova ordem que pudesse fundar uma nova sociedade. Porque, de uma ou de outra forma, todos eles percebem que o mundo paroquial-totalitário da *pólis* ruíra para sempre. E à frente havia apenas o desconhecido.

Evidentemente, entre estes artistas, historiadores, filósofos e oradores não havia nenhum lírico. Aliás, à parte Sólon, em Atenas a lírica jamais medrara! Nem mesmo a "lírica engajada" de um Tirteu de Esparta, de um Teógnis de Mégara ou de um Píndaro de Tebas. Não, o espírito ático fora sempre infenso a arroubos individuais e ao extravasamento de emoções pessoais. Em Atenas, os líricos da Jônia/Eólia eram vistos como decadentes e fúteis, produto típico das cidades mercantis de fronteira, abertas à influência externa, e nas quais a autonomia do indivíduo era muito mais ampla do que nas cidades-Estado da Grécia Continental/Peninsular.

Em Atenas nascera a sublime arte da tragédia – uma arte "coletiva", "social" e filosófica por excelência – e a comédia de Aristófanes, sua contraface. E agora ali, em Atenas, depois da *debâcle*, começavam a ser colocadas as pedras angulares do futuro do Ocidente – e do planeta: o pensamento lógico, analítico, científico. E seu principal artífice foi Aristóteles. Então eu entendi por que a lírica não podia estar no horizonte de sua visão.

Deixando Estagira, na Península Calcídica, Aristóteles chegou a Atenas por volta de 368 a. C. – tinha então 16/17 anos – e tornou-se imediatamente discípulo de Platão, na Academia. Nela permaneceu por mais de duas décadas, até a morte do mestre (347 a. C.), ali sendo fundamente impregnado pela atmosfera da época e pelo gênio ático – como toda sua obra o prova.

Ao meditar sobre isto, compreendi por que a *narração* (a epopeia) e a *representação* (a tragédia e a comédia) são praticamente o único tema de *A poética*: é porque a narração e a representação, como a arquitetura, são por excelência artes do *espaço público*, da ágora. Artes, portanto e por definição, do *espaço político*. E este se transformara no máximo trauma da *intelligentsia* ateniense da época, depois da ruína do império e da ocupação da cidade por Esparta.

Neste contexto, a lírica pouco interessava. Mais do que isso: sendo, por definição, uma arte do *espaço privado* e, portanto, veículo de emoções pessoais – os jônio-eólios ali estavam para prová--lo! – esquecê-la era o mínimo a fazer.

É isto, parece-me, que Aristóteles fez em *A poética*. Se mais ou menos conscientemente, é impossível saber.

O HELENISMO E A GLOBALIZAÇÃO NA ANTIGUIDADE

Mas o mundo mudara. E continuava a mudar, vertiginosamente. Em Atenas, os defensores da independência da cidade, liderados por Demóstenes, lutavam desesperadamente contra o partido pró-Macedônia, integrado pelos simpatizantes de Felipe II, que avançava para o sul, tentando expandir e consolidar seu nascente império à custa das cidades-Estado da Grécia Continental/ Peninsular, que agonizavam, vítimas de seus orgânicos e crônicos conflitos externos e internos.

Quando Platão faleceu, Aristóteles, que sempre se mantivera à parte dos embates políticos, abandonou a cidade e, com alguns companheiros da Academia, partiu para a Ásia Menor (Assos, no extremo noroeste da Península da Anatólia, e depois Mitilene, na ilha de Lesbos), onde se dedicou ao ensino, por alguns anos. Em

341 a. C. é chamado a Pela[55] por Felipe II e assume o papel de preceptor de Alexandre, o filho do rei.

Ali, como diz Werner Jaeger,[56] "Aristóteles tinha perfeita noção de que estava formando a mente do herdeiro [...] do reino europeu mais poderoso da época [...] e estava absolutamente convicto de que a Grécia poderia dominar o mundo se estivesse politicamente unida".[57] E assim aconteceu, como a história o narra. E o importante é que o encontro entre Felipe II e Aristóteles tornou-se "um notável símbolo de eventos histórico-universais: a associação do pensador com o grande rei",[58] prenunciando uma nova era, a era dos grandes impérios nacionais do Mediterrâneo, herdeiros indiretos da visão de mundo helênica, que assim rompia os acanhados lindes das cidades-Estado em ruínas e marchava para dominar o Ocidente e grande parte do Oriente.

Esta meteórica expansão, denominada *era do helenismo* pelos historiadores, deve ser considerada, segundo a terminologia de hoje, o primeiro processo efetivo de *globalização*, pois se distingue claramente de outras semelhantes protagonizadas anteriormente por assírios, babilônios, persas etc. e caracterizadas por simples conquista, rapina e devastação. É distinta não, evidentemente, por estar ausente nas campanhas de Alexandre o *animus dominandi* mas, sim, por um traço dela específico e marcante: a vontade explícita de colonizar e homogeneizar cultural/civilizatoriamente os vastos e heterogêneos espaços conquistados. Do que é prova irretorquível a fundação neles de dezenas de cidades, muitas delas denominadas *Alexandria*.

Não é objetivo aqui analisar detalhadamente este processo, até então inédito. É suficiente sublinhar que a *expansão helenística* – abrangendo o vasto ecúmeno que vai da Sicília e da Península Itá-

---

[55] Nicômaco, pai de Aristóteles, fora médico de Amintas, pai de Felipe II, na capital da Macedônia.
[56] *Aristóteles*, p. 148.
[57] Ib.
[58] Ib., p. 142.

lica até o Vale do Indo e das costas do Mar Negro até todo o norte da África – foi a maior revolução da Antiguidade, produzindo na Europa e na Ásia transformações comparáveis apenas às ocorridas no planeta nos séculos XIX e XX. Não por nada os Padres da Igreja, argumentando *pro domo sua*, diziam que Alexandre e o Império Romano haviam preparado o mundo para receber a mensagem *católica* (*universal*, em grego) do cristianismo... E para a consolidação definitiva, diríamos hoje, do que Aristóteles poderia ter definido como "a terceira grande arte da linguagem": a lírica.

A LÍRICA: A EXPANSÃO DO ESPAÇO PRIVADO

Em 338 a. C., em Queroneia, na Beócia, Felipe II derrota os exércitos confederados de Atenas e Tebas, consolidando assim seu domínio sobre toda a Grécia. Em 337/336 a. C., Aristóteles deixa a Ásia Menor e retorna a Atenas, ali fundando o Liceu, considerado a primeira universidade do Ocidente. Em 323 a. C. morre Alexandre, e os gregos, sob o comando de Demóstenes, rebelam-se contra os macedônios, e são logo esmagados. No mesmo ano, Aristóteles se retira para Cálcis, na ilha de Eubeia, nas costas da Ática. Ali, já doente, vem a falecer no ano seguinte.

Estas datas, concentradas em pouco mais de uma década, são simbólicas do fim de uma era: a Macedônia domina o mundo então conhecido; a civilização paroquial-totalitária das cidades-Estado gregas é remetida a um passado sem retorno; Aristóteles, o ícone da visão de mundo lógico-científica helênica desaparece; Atenas, derrotada e conquistada, perde, para Alexandria do Egito, a posição de centro intelectual do Mediterrâneo, enquanto, a oeste, Roma se expandia rapidamente, controlando toda a península e as regiões circunvizinhas. Era o início do helenismo. E por mais de meio milênio – pelo menos até a era dos Antoninos – este eventos lançariam sua longa sombra sobre o futuro, definindo os rumos da história da Europa.

A bibliografia sobre a economia, a política, a filosofia, as artes, a religião e o avanço da ciência e das técnicas neste período é vasta e abrangente. E, inclusive, em algumas áreas, quase monumental, como é o caso da que, nas últimas décadas, tem se debruçado sobre as origens do cristianismo –, este, aliás, o evento mais importante, pelos menos para o futuro do Ocidente, de toda a era do helenismo.

A LÍRICA: A GRANDE ARTE EM ROMA

Na área específica da arte literária, porém, parece-me não ter sido dada suficiente atenção à lírica latina, que se destaca, já por volta de meados do século I a. C., com Catulo, e atinge seu zênite sob o principado de Augusto, com Horácio, Virgílio e Ovídio,[59] estabelecendo um modelo para o futuro.

Segundo foi visto, a lírica, tal como é definida hoje, nasceu na Jônia/Eólia, por volta de meados do século VII a. C., apresentando nos dois séculos seguintes alguns nomes representativos também na Grécia Central/Peninsular. Contudo, nos dois casos, ela teve reduzida importância se comparada com a epopeia homérica e, depois, com a tragédia e a comédia áticas. Além disso, na Grécia Central/Peninsular ela foi preponderantemente "engajada", com temas de natureza patriótica e social. Em Roma, o panorama é radicalmente outro.

Em primeiro lugar, na literatura latina a lírica possui importância incomparavelmente superior, inclusive em termos quantitativos, à da tragédia (Sêneca), à da comédia (Plauto e Terêncio) e até mesmo à da epopeia (Virgílio e Lucano) – que, aliás, é epigonal em relação à homérica. Em segundo lugar, sob o aspecto temático, a lírica latina é relativamente homogênea, extremamente sólida e indiscutivelmente impactante. Em terceiro lugar, em seus mo-

---

[59] Além de Álbio Tíbulo e Sexto Propércio. V. adiante.

mentos culminantes – que não são raros – ela é de uma objetividade que desarma, de uma sensibilidade que comove e de uma *imperatoria vis* que desafia os séculos. Em quarto lugar, finalmente, e esta é sua marca mais perene, ela funda uma tradição que atua, inconteste e contínua, há dois milênios, sobre toda a lírica ocidental, tornando-se o indefectível sinete identificador de seus máximos luminares.

É impossível neste ensaio, que já se estendeu demasiado, analisar, mesmo *à vol d'oiseau* e pontualmente, a obra dos seis máximos representantes da lírica latina, já antes citados: Catulo, Horácio, Virgílio, Ovídio, Tíbulo e Propércio.

Por isto, me limitarei a comentar, em breves parágrafos, *o contexto em que ela surge, o mundo que revela,*[60] *os temas recorrentes, a especificidade da lírica* e *descompromisso, perenidade e "marginalidade"*.

O CONTEXTO EM QUE SURGE

O cristianismo helenizado[61] e a lírica latina são, no campo da ideologia e da arte, respectivamente, os produtos mais importantes da era do helenismo, com ele se confundindo e o definindo. Fenômenos cronologicamente quase paralelos, eles nascem no contexto da globalização do ecúmeno do Mediterrâneo e, em certo sentido, são complementares em sua natureza cosmopolita/universalista.

A ruína da cidade-Estado e a formação de grandes impérios a partir das campanhas de Alexandre haviam alterado radicalmente a realidade política e a visão das elites, diante das quais se abria um novo mundo, vasto, imenso e multifacetado, no qual, sobre os escombros do passado e diante das promessas do futuro, havia que escolher – como diria Tertuliano mais tarde – entre Atenas e Jerusalém, isto é, entre a visão lógico-imanente helênica e a concepção ético-transcendente cristã/israelita.

---

[60] Para informações um pouco mais abrangentes, v. *Para ler o Ocidente*, p. 437 ss.
[61] Ib., p. 339 ss., e *Jesus e as origens do Ocidente*, p. 259 ss. Porto Alegre: BesouroBox, 2016.

Neste sentido, a lírica latina e o cristianismo – muito mais do que o tardio e raquítico estoicismo – são os paradigmas das *duas tradições*[62] que, filhas do helenismo, se digladiariam para formar e formatar a Europa do futuro. Com a vitória da segunda, que, na Cristandade, re-funda a *cidade* – agora a *cidade de Deus*, católica/universalista, na expressão de Agostinho de Hipona –, a primeira mergulharia nas sombras, por mais de um milênio. Mas, latente, permaneceria viva por sua natureza de paradigma perene da solidão do indivíduo, do "poeta", por definição sem pátria – estranho e inútil na cidade de Deus e isolado e também inútil na cidade dos homens.

O MUNDO QUE REVELA

Ainda que – pela natural diversidade de seus representantes – ela seja variada e heterogênea, a lírica latina traz a funda e indelével marca de uma sociedade desenvolvida e com avançada divisão do trabalho. E revela uma elite restrita mas altamente ilustrada e cosmopolita, ciosamente autônoma e individualista, capaz de manter o equilíbrio entre um hedonismo libertário (Catulo e Ovídio) e um estoicismo regrador (Horácio e Virgílio), ainda que, neste último caso, acompanhado de um aulicismo explícito. Enfim, a elite de um império que há cerca de três séculos estendera seus tentáculos até o Mediterrâneo e então já alcançara o Mar Negro e o Nilo.

À parte todo o resto, o mais importante neste breve ensaio, é acentuar que a lírica latina é, antes de tudo, a irrupção do indivíduo no espaço público. Em outros termos, ela leva – pela primeira vez de forma, digamos, orgânica na Antiguidade – o espaço privado à ribalta da arte literária ocidental, definindo assim, para sempre, um novo *gênero*, um novo tipo de arte da linguagem, cujos primórdios, como diz Horácio em sua ode,[63] podiam ser encontrados nos líricos jônio-eólios – de seis ou sete séculos antes. Mas que jamais medrara na Grécia Continetal/Peninsular.

---
[62] V. *Para ler o Ocidente*, p. 24 ss.
[63] V. adiante, p. 104/105.

OS TEMAS RECORRENTES

Conservada em sua quase totalidade, a lírica latina é tão vasta em extensão quanto variada em seus temas. Entre estes, quatro julgo serem os principais ou, pelo menos, estarem entre os de citação obrigatória. Além de um quinto, difuso porém fundamental.

- O *primeiro* é *a passagem do tempo*, expresso de forma tão aguda quanto célebre em poemas de Catulo e Horácio. De Catulo, o *Carmem V*, com três de seus versos, tornou-se um *locus* clássico, icônico e fundamental de toda a grande lírica ocidental:

   Soles occidere et redire possunt;
   Nobis, cum semel occidit brevis lux,
   Nox est perpetua uma dormienda.[64]

   De Horácio, tão famosa quanto o *Carmen V*, é a breve ode *Ad Leuconoem* (Para Leuconoe), na qual se encontra, ao final, a ainda hoje muito citada expressão *carpe diem*:

   Dum loquimur, fugerit invida aetas;
   Carpe diem, quam minimum credula postero.[65]

- O *segundo tema* é o *amor carnal*. Tratado de forma elegante, sutil ou mesmo libertina/pornográfica, e não raro acoplado ao da passagem do tempo – como é o caso dos dois exemplos acima citados –, está presente em todos os líricos latinos. É um tema comum, em todos os sentidos, tendo no passado – remoto, mas cronologicamente nem tanto! – desempenhado inclusive a função de literatura erótica nos mosteiros e seminários. Para os que eram competentes em latim, é claro... Em termos histórico-literários, é importante sublinhar que, salvo melhor juízo, Catulo e Horácio foram os criadores de um *topos* tornado depois quase vulgar na lírica ocidental: o da *sedução pela*

---

[64] Os astros morrer e tornar podem;
A nós, quando uma vez a breve luz se apaga,
Uma noite perpétua dormir imposta é.

[65] Enquanto falamos, ínvido o tempo fugido terá;
O dia aproveita, o menos possível confiante no amanhã.

filosofia, como eu o denomino. Em outras palavras, ao acoplar os temas da passagem do tempo e do amor carnal, a voz masculina tem por objetivo a conquista.

- O *terceiro tema* é a *diamantina convicção na perenidade da própria obra*, tema que no Ocidente já aparece explícito, ainda que sob forma sutil, em *A guerra do Peloponeso*, de Tucídides.[66] Na lírica latina, é o tema de uma das mais célebres e paradigmáticas[67] odes de Horácio – aquela cujo primeiro verso é *Exegi monumentum aere perenius* –, na qual, inclusive, ele define seu lugar na história da lírica ao proclamar-se herdeiro dos líricos jônio-eólios:

Construí um monumento mais perene que o bronze
E mais alto do que a mole real das pirâmides,
O qual nem a chuva corrosiva,
Nem o furioso Aquilão
Poderá destruir, ou a sequência incontável
Dos anos e a passagem dos tempos.
Não de todo morrerei e grande parte de mim
Evitará Libitina;[68] inclusive,
Eu, há pouco chegado,
Em fama futura crescerei
Enquanto ao Capitólio o pontífice
Com a silente virgem subir.[69]
Dito serei – [lá] onde o Ofanto[70] estruge
E onde Dauno,[71] de água carente,[72]
Sobre rústicos povos reinou –
O primeiro que, de humilde a ilustre,
O eólio canto[73]
Aos ítalos ritmos moldou.

---
[66] I, 22.
[67] Odes III, 30.
[68] Deusa da morte e do esquecimento.
[69] Isto é, enquanto Roma existir.
[70] *Aufidus*, hoje Ofanto, rio do sudeste da Itália, que corre entre as províncias atuais da Apúlia e da Basilicata, terra natal de Horácio.
[71] Rei mítico da Dáunia, na região da Apúlia.
[72] No sudeste da Itália há regiões áridas.
[73] A lírica grega.

Concede, ó Melpômene,[74]
A glória por méritos reivindicada
E os cabelos, com o délfico louro,
Condescendente me cinge.

Também Ovídio, nos versos finais de *As metamorfoses*, aborda o tema – que parece ter sido muito popular à época em Roma – e, sem pejo, cria uma segunda versão explícita da ode de Horácio:

Já uma obra construí
Que nem de Jove a ira nem o fogo
Nem o ferro nem a corrosiva idade
Demolir poderá.
Quando aquele dia chegar
Que só sobre este corpo império tem,
Da incerta vida o tempo me findará.
A parte melhor de mim, porém,
Aos supernos astros, perene, elevarei
E indelével nosso nome será.
Por onde quer que, às terras submetidas,
De Roma o poder se revelar,
Pela boca do povo lido eu serei.
E se dos áugures os oráculos
De verdade algo têm,
Por todos os séculos pela fama viverei.

- O *quarto tema*, que, na prática, se identifica com algumas das mais famosas odes de Horácio, *exalta a sabedoria* de quem alcança o equilíbrio pessoal e o poder de quem é independente e regrado. A sabedoria do equilíbrio é celebrada em *Ad Delium* (Odes II, 3):

Aequam memento rebus in arduis
Servare mentem, non secus in bonis
Ab insolenti temperatam
Laetitia, moriture Deli![75]

---

[74] Musa da tragédia, que se originou da chamada *lírica coral*.
[75] Ó Délio, à morte votado,
De manter lembra-te o ânimo sereno
Nas circunstâncias adversas,
Como também, nas favoráveis,
Cauto (diante) da excessiva alegria.

E em *Ad Licinium* (Odes II, 10), na qual encontra-se a expressão *aurea mediocritas* (dourado meio termo), que, como *carpe diem*, também tornou-se proverbial:

Rectius vives, Licini, neque altum
Semper urgendo neque, dum procellas
Cautus horrescis, nimium premendo
Litus iniquum.

Auream quisquis mediocritatem
Diligit, tutus caret obsoleti
Sordibus tecti, caret invidenda
Sobrius aula.[76]

O poder de quem é independente e regrado é constatado em *Ad Aristium Fuscum* (Odes I, 22):

Integer vitae, scelerisque purus
Non eget mauris iaculis, neque arcu,
Nec venenatis gravida sagittis,
Fusce, pharetra;

Sive per Syrtes iter aestuosas,
Sive facturus per inhospitalem
Caucasum, vel quae loca fabulosus
Lambit Hydaspes[77].

---

[76] Mais feliz, ó Licínio, viverás
Nem sempre o mar aberto procurando
Nem enquanto, cauto, procelas temes,
Por demais à perigosa praia se achegando.

Quem quer (que) o dourado meio-termo ame
Salvo está das misérias de um teto derruído
E não carece invejar solar faustoso.

[77] Aquel' d'íntegra vida e de crimes limpo
De mouros dardos não carece, ó Fusco,
Nem de arco, nem de aljava
De envenenadas setas plena;

Seja pelas ardentes Syrtes
Ou pelo inóspito Cáucaso a caminhar,
Ou pelas plagas que o fabuloso Hydaspes banha.

E em *Romulus diis adscriptus* (Odes III, 3):

Iustum et tenacem propositi virum,
Non civium ardor prava iubentium,
Non vultus instantis tyranni
Mente quatit solida, neque Auster,

Dux inquieti turbidus Hadriae,
Nec fulminantis magna manus Iovis:
Si fractus illabatur orbis,
Impavidum ferient ruinae.[78]

- O *quinto tema* não é propriamente um tema específico. É, antes, *um conjunto deles* – presentes em vários poemas –, que nos permitirão identificar, se possível, o que se poderia denominar, na falta de melhor expressão, de *consciência civil* dos líricos latinos. Em outras palavras: como se situam eles em relação ao espaço público? Ou, mais explicitamente ainda, qual a posição que assumem – se é que a assumem – diante do poder e do Estado? Esta é uma questão interessante, particularmente se analisada em perspectiva futura, isto é, em relação à lírica ocidental em seus ciclos posteriores. E poderia fornecer um ponto de partida para um alentado estudo erudito sobre as origens desta, os contextos em que floresceu e os *patterns*, ou modelos/moldes, que a formataram e ainda formatam. Mas, como indicação inicial, o que é possível dizer sobre a questão?

Bem, se em uma leitura rápida e descompromissada tomarmos alguns dos mais paradigmáticos e célebres poemas dos seis grandes líricos do período – sejam eles de temática rigorosamente lírica

---

[78] O homem justo e firme de propósito
Não a fúria de cidadãos ordenando crimes,
Não a face do tirano da hora
Abala, pela (sua) mente sólida;

Nem o Austro, turbulento imperador
Do tempestuoso Adriático,
Nem a poderosa mão do fulminante Júpiter
(o abala); se destroçado ruir o mundo,
Impávido (o)ferirão as ruínas.

ou não –, pode-se dizer que neles a *consciência civil*, tal como foi antes definida, inexiste em dois e nos demais aparece em formas, intensidade e orientação muito diversas, e até conflitantes. Esta consciência inexiste em Catulo e Ovídio. Neste último, os lamentos por ter sido desterrado e as súplicas para ser perdoado (*Tristes*) não desbordam o espaço privado. E a celebração do heroísmo romano em Veios (*Fastos*) tem como destinatária especificamente a *gens Fabia* e não Roma em si.

Horácio e Virgílio são completamente diversos, para não dizer opostos, se referidos a Catulo e Ovídio. Horácio é, sem concessão, o máximo lírico latino e, também sem concessão, o áulico máximo, tanto em seus poemas de caráter genérico/patriótico – o mais famoso entre eles é *Carmen saeculare* – quanto naqueles com endereço específico/pessoal. Entre estes, os dedicados a Augusto e a seu, digamos, ministro da Cultura, Mecenas, são impactantes, não raro chegando às raias do servilismo. Dos dedicados a Augusto, podem ser considerados paradigmáticos o que celebra a vitória dele em Ácio (Odes I, 37) – atacando Marco Antônio e louvando, até certo ponto, a coragem de Cleópatra em suicidar-se – e os que o colocam entre os deuses (Odes I, 12) e o exaltam como descendente de Vênus (Odes IV, 15). Daqueles cm louvor a Mecenas, o mais conhecido é o em que ele, Horácio, solicita ser colocado entre os poetas líricos (Odes I, 1):

Quodsi me lyricis vatibus inseres,
Sublimi feriam sidera vertice[79]

Mas se é fato que o aulicismo explícito é a marca fundamental da *consciência civil* de Horácio, há passagens em sua obra que nuançam esta posição e lhe dão um caráter particular – e interessante, como se verá, por reconhecer estar, de certa forma, em uma posição de "marginalidade". É o caso dos Epodos I e II. No primeiro, Horácio agradece a generosidade de Mecenas – que

---

[79] Pois se entre os poetas líricos me incluíres,
Com a excelsa fronte os astros tocarei.

parte, em companhia de Augusto, em uma expedição – e afirma que desejaria acompanhá-lo, apesar de ser "fraco e não feito para a guerra", o que poderia ser interpretado como um pedido de desculpas.[80] No segundo, possivelmente com autoironia, tece louvores à vida feliz dos que vivem no campo,[81] mas os coloca na boca de um usurário – que logo os esquece e rapidamente vai, digamos, *ao mercado* receber e reaplicar seu dinheiro... Virgílio, mais discreto e bem menos insistente em seu aulicismo – que é institucional/patriótico na *Eneida* –, também louva pessoalmente Augusto[82] no início de *Bucólicas*, poemas líricos de temática pastoral, quando diz, pela boca de Títiro, seu *alter ego*:

... deus nobis haec otia fecit
Namque erit ille mihi semper deus.[83]

Quanto a Álbio Tíbulo (c. 50-18 a. C.) e Sexto Propércio (c. 48-15 a. C.), eles revelam uma *consciência civil* específica e pessoal. Em Elegias I,1, por exemplo, Tíbulo despreza a riqueza, louva o trabalho na agricultura, delega aos generais as atividades bélicas e, diante do tempo que passa e da morte que espreita, vai recolher-se aos braços da mulher amada. Mais explicitamente ainda, Elegias I,10 é um violento panfleto antibelicista,[84] no qual lamenta não ter vivido naquela *idade de ouro* em que a ambição e seu produto, as guerras, não existiam.

Sexto Propércio, por sua parte, em Elegias III, 4, saúda o "divino César" que parte para as Índias com seu exército e faz votos de que Roma seja eterna. Quanto a ele, Propércio, está unicamente

---

[80] Na batalha de Filipos (42 a. C.), ainda jovem, Horácio lutara no exército de Bruto e Cássio, contra Otaviano (Augusto) e Marco Antônio.
[81] As terras da família de Horácio haviam sido confiscadas. Mas, graças à influência de Mecenas, como compensação lhe fora doada uma fazenda.
[82] E tinha motivos para isto. Como no caso de Horácio, as terras de sua família, na região de Mântua, haviam sido confiscadas. Mas Augusto determinara que fossem devolvidas aos herdeiros.
[83] ... um deus nos deu estes lazeres/estes ócios,
por isto ele será sempre para mim um deus.
[84] Quem foi o primeiro que inventou as horrendas espadas?

interessado em que o convidem para os festejos na Via Sacra, onde, abraçado à mulher amada, poderá apreciar o desfile dos vitoriosos...

A partir do conjunto das citações acima, seria possível encontrar um termo que identificasse, coletivamente, a *consciência civil* destes que são os maiores líricos latinos? Em outras palavras, haveria nestes textos, apesar de algumas caraterísticas que os diferenciam e, até, os opõem entre si, um mínimo denominador comum a todos no referente a suas posições diante do poder e do Estado? Ao meu ver, por ser semanticamente fluido e preciso ao mesmo tempo – dependendo da situação –, talvez o termo *descompromisso* sirva a este objetivo.

Com efeito, Catulo e Ovídio estão interessados apenas em seus próprios sentimentos e emoções; Horácio e Virgílio externam sua gratidão a Augusto e Mecenas, mas lhes delegam quaisquer outras funções; Tíbulo é claramente um contestador e dissidente, porém, é obvio, não vai além do genérico e do retórico; e Propércio, irônico e sarcástico, confessa e reivindica, como Arquíloco de Paros e Safo, sua condição de "marginal". E assim todos eles, ainda que de formas diferentes, revelam uma *consciência civil* de *descompromisso* com o poder e o Estado, isto é, mantêm-se na esfera do espaço privado, ignorando e rejeitando o espaço público – ou, pelo menos, demonstrando desinteresse por ele.

A ESPECIFICIDADE DA LÍRICA

É este *descompromisso* que define a lírica como o "terceiro tipo da arte da linguagem" – segundo diria Aristóteles. Porque a lírica não tem por tema os grandes mitos coletivos, os grandes eventos político-históricos, os destinos da coletividade e da própria espécie – e o destino dos indivíduos como parte do todo. Não, a lírica, como foi dito, é a irrupção do espaço privado no espaço público, é a voz do indivíduo que, livre das travas de ator social, a ele imperativamente impostas na estrutura paroquial-totalitária da cidade antiga, se absolutiza e – condenado à solidão – reivindica seu lugar único no seio do rebanho. Pois sua cidade é seu mundo interior e seu espaço não é a ágora mas seu eu – e o preço a pagar é assumir o *descompromisso*.

E foi em Roma, a capital do maior império da Antiguidade, que a lírica nasceu. Sim, ela já existira antes, incidental e seminalmente, no antigo Israel, na Jônia/Eólia, em Alexandria do Egito. Mas foi em Roma que, de forma orgânica, ela se consolidou como sistema e fixou para sempre – enquanto a natureza humana continuar a mesma... – seu *pattern*, seu modelo definitivo. Por que?

Porque Roma, ao longo de três séculos se transformara – por volta de meados do século I a. C. – em cabeça e gestora do primeiro Estado centralizado do Ocidente, sinônimo de economia poderosa, avançada divisão do trabalho, legislação eficiente, exército disciplinado, burocracia competente e elite esclarecida e rica e – no que importa aqui – sofisticada formação intelectual e crescente liberdade individual. Liberdade que a cidade antiga não concedia, nem mesmo à elite, e que na Europa do futuro se ampliaria cada vez mais. A tal ponto que os líricos – poetas, menestreis, trovadores etc. – ultrapassariam a linha do *descompromisso* e reivindicariam para si uma duvidosa "marginalidade".

DESCOMPROMISSO, PERENIDADE E "MARGINALIDADE"

Com efeito, à parte alguns autores menos significativos, depois do século de Augusto a lírica desaparece, submergindo na cataclísmica desintegração do Império. E vai ressurgir apenas mais tarde, na Alta Idade Média, sob nova roupagem, nas novas línguas europeias, seguindo, porém, o mesmo *pattern*, definido mais de um milênio antes. E ao longo dos séculos, a começar da Provença e das grandes cidades comerciais do centro-norte da Itália, sucedem-se os grandes ciclos da lírica ocidental na França, na

Inglaterra, na Península Ibérica, na Alemanha (século XVIII), de novo na Itália e na França etc. E assim, até hoje, sempre de novo revisitada e renovada, a lírica latina se pereniza em seu milenar modelo temático e histórico-social. Comentar este processo foge ao escopo destas notas. Resta, porém, fazer uma observação.

O crescente espaço de liberdade conquistado pelo indivíduo – na elite, obviamente e como sempre, mas não exclusivamente nela – a partir da I Revolução Industrial na Europa e em suas periferias abastardou e prostituiu o conceito de *descompromisso*, que é orgânico à lírica, não raro tornando-o sinônimo de *marginalidade*, social, ética e até mesmo estética. Em outros termos, particularmente na França no século XIX, não raro a marginalidade social e ética passa a ser considerada uma *condição* para o fazer lírico, transformando-a até mesmo em um *valor estético*, isto é, fazendo dela, a *marginalidade*, uma craveira de qualidade da produção lírica. O que é um completo absurdo. Sim, a marginalidade social e ética *pode* até ser uma *situação* do lírico – como de qualquer artista – mas nunca jamais uma *condição necessária* nem, muito menos, um critério de valor. Este foi, é e será sempre definido pelo conteúdo temático da obra e por sua capacidade de expressá-lo – no caso da lírica – através da linguagem. Também nesta questão a lírica latina mantém-se como diamantino parâmetro de perenidade.

EPÍLOGO

E assim chegamos ao final deste ensaio. Resta ainda, porém, completar a resposta à pergunta feita no anterior: se, em vez de poemas, tivesse escrito romances (narração) ou dramas (representação), teria eu tido a mesma sensação de choque, ou estranhamento? Lá, a resposta foi: *não!* Agora é necessário completá-la: *por que não?*

Porque *narrar* e *representar*, os dois primeiros tipos/gêneros da arte da linguagem, pertencem à esfera do espaço público. E *me-*

ditar, o terceiro tipo, nasce no espaço privado, como até meus jovens ouvintes daquela longínqua cidade do interior do Rio Grande do Sul conseguiram facilmente entender... E por que eu demorei tanto para entendê-lo? Porque, objetivo e frio por natureza e, por formação e treinamento, destinado a operar no espaço público, sempre julguei inadequado e tolo, para dizer o mínimo, expor sentimentos e emoções pessoais – por definição próprias do espaço privado. Líderes políticos, militares, religiosos e empresariais jamais escrevem poemas e, se os escrevem, são péssimos, eles e os poemas. Talvez Sólon de Atenas e José Martí possam ser considerados exceções. Mas o primeiro só escreveu poemas cívicos – típicos da lírica "engajada" da Grécia Continental/Peninsular; e o segundo fracassou em seus objetivos políticos. Por isso, o comandante que aconselhou Mário Quintana a desligar-se do Colégio Militar estava com a razão:

– O senhor não dá prá coisa...

Quanto a meus poemas, já afirmei, não compete a mim julgá-los. Não lamento tê-los escrito, apesar de jamais ter pretendido fazê-lo, pois julgava pudessem vir a ser armas nas mãos de meus adversários e desafetos:

– Vejam! Um poeta! Pobre-diabo!

Mas, sem sarcasmo nem ironia, em certo sentido eles teriam razão: a lírica *não pertence* ao espaço público. Ela, apenas e paradoxalmente, *torna público* o espaço privado de um indivíduo. Esta é sua natureza. E isto faz dela o terceiro tipo/gênero da arte da linguagem.

Quando cheguei a esta conclusão, reconciliei-me com meus poemas. E dei início a estas *anotações para mim mesmo*.[85]

---

[85] Não posso deixar de registrar aqui uma curiosidade. Ao longo de minhas leituras e releituras recentes descobri que até Aristóteles escrevera um poema! Afinal, alguém poderia dizer, todos têm seu momento de fraqueza... Mas, saído da pena do maior gênio lógico do Ocidente, obviamente é um poema "engajado", ao estilo daqueles produzidos na Grécia Continental/Peninsular. Belíssimo e comovente, merece aqui ser lembrado e transcrito, juntamente com seus antecedentes trágicos.

Nós últimos anos da Academia, ou nos primeiros em que vivera em Assos, no extremo noroeste da Península da Anatólia, Aristóteles conhecera Hermes de Atarneia, um *outsider* brilhante, que se tornara seu discípulo e amigo e, posteriormente, liderara na região a formação de uma espécie de Estado-tampão entre, de um lado, a área de influência macedônia e, de outro, o poder persa. Por volta do final da década de 340 a. C., Hermes de Atarneia, depois de atraído para uma armadilha, foi barbaramente torturado e trucidado pelos persas. Em sua memória, Aristóteles escreveu o poema – ao que se sabe, sua única obra neste gênero – abaixo transcrito, seguindo aproximadamente a tradução de Werner Jaeger (*Aristóteles*, México: FCE, 2016, p. 139/140):

Ó Virtude, dura conquista para a raça dos mortais
E prêmio mais belo da vida;
Suportar penosos e incessantes trabalhos,
E até morrer por tua causa, ó Virgem,
É um destino invejado na Hélade!
Ao espírito entregas tal fruto,
Semelhante aos imortais, melhor que ouro,
Que ilustres antepassados
E que o sonho de olhar desejoso.
Por tua causa Héracles, o filho de Zeus,
E os gêmeos de Leda
Muito tiveram que suportar
Nas façanhas que empreenderam buscando possuir-te.
Por te desejar, Aquiles e Ajax desceram à mansão do Hades,
E por amor de tua forma também o príncipe de Atarneia
Deixou, em desolação, os raios do Sol.
Por isto os cantos farão famosos seus feitos
E ele será declarado imortal pelas Musas,
Filhas da memória,
Que engrandecem e recompensam
A firme amizade e o culto de Zeus hospitaleiro.

V
TRADUÇÕES

Catulo
Horácio
Ovídio
Hoelderlin

CATULO

CARMEN V

Vivamus, mea Lesbia, atque amemus,
Rumoresque senum severiorum
Omnes unius aestimemus assis.
Soles occidere et redire possunt;
Nobis cum semel occidit brevis lux,
Nox est perpetua una dormienda.
Da mi basia mille, deinde centum,
Dein mille altera, dein secunda centum,
Deinde usque altera mille, deinde centum.
Dein, cum milia multa fecerimus,
Conturbabimus illa, ne sciamus,
Aut ne qui malus invidere possit,
Cum tantum sciat esse basiorum.

CARMEN CIX

Iocundum, mea vita, mihi proponis amorem
Hunc nostrum inter nos perpetuumque fore.
Dei magni, facite ut vere promittere possit,
Atque id sincere dicat et ex animo,
Ut liceat nobis tota perducere vita
Aeternum hoc sanctae foedus amicitiae.

ODE 5

Vivamos, Lésbia minha, e amemos,
E os murmúrios todos dos velhos rabugentos
(Todos) de um tostão ter valor julguemos.
Os astros morrer e tornar podem,
A nós, quando uma vez a breve luz se apaga,
Perpétua noite dormir imposta é.
Mil beijos dá-me, depois cem,
Depois mil outros, depois de novo cem,
Depois até outros mil, depois cem.
Depois, quando contados muitos mais tivermos,
Os confundamos, para que não saibamos
Ou para que alguém mau invejar não possa
Quando souber (qual) o tanto de beijos ser.

ODE 109

Que terno e eterno seja
Entre nós este nosso amor,
Vida minha, me propões!
Ó, grandes deuses, fazei com que ela
Verdadeiramente prometê-lo possa,
E dizê-lo de coração sincero,
Para que nos permitido seja
Por toda a vida manter
Este perpétuo laço de santa amizade!

HORÁCIO

CARMINA I, 22

Exegi monumentum aere perennius
Regalique situ pyramidum altius,
Quod non imber edax, non Aquilo inpotens
Possit diruere aut innumerabilis
Annorum series et fuga temporum.
Non omnis moriar multaque pars mei
Vitabit Libitinam; usque ego postera
Crescam laude recens, dum Capitolium
Scandet cum tacita virgine pontifex.
Dicar, qua violens obstrepit Aufidus
Et qua pauper aquae Daunus agrestium
Regnavit populorum, ex humili potens
Princeps aeolium carmen ad italos
Deduxisse modos. Sume superbiam
Quaesitam meritis et mihi delphica
Lauro cinge volens, Melpomene, comam.

ODES I, 22

Construí um monumento mais perene do que o bronze
E mais alto do que a mole real das pirâmides,
O qual nem a chuva corrosiva,
Nem o furioso Aquilão
Poderá destruir, ou a sequência incontável
Dos anos e a passagem dos tempos.
Não de todo morrerei e grande parte de mim
Evitará Libitina;[86] inclusive,
Eu, há pouco chegado,
Em fama futura crescerei
Enquanto ao Capitólio o pontífice
Com a silente virgem subir.[87]
Dito serei – [lá] onde o Ofanto[88] estruge
E onde Dauno,[89] de água carente,[90]
Sobre rústicos povos reinou –
O primeiro que, de humilde a ilustre,
O eólio canto[91]
Aos ítalos ritmos moldou.
Concede, ó Melpômene,[92]
A glória por méritos reivindicada
E os cabelos, com o délfico louro,
Condescendente me cinge.

---

[86] Deusa da morte e do esquecimento.
[87] Isto é, enquanto Roma existir.
[88] *Aufidus*, hoje Ofanto, rio do sudeste da Itália, que corre entre as províncias atuais da Apúlia e da Basilicata, terra natal de Horácio.
[89] Rei mítico da Dáunia, na região da Apúlia.
[90] No sudeste da Itália há regiões áridas.
[91] A lírica grega.
[92] Musa da tragédia, que se originou da chamada *lírica coral*. V. p. 99ss.

AD LEUCONOEM

Tu ne quaesieris (scire nefas) quem mihi, quem tibi
Finem Di dederint, Leuconoe, nec babylonios
Temptaris numeros. Ut melius quicquid erit pati!
Seu pluris hiemes seu tribuit Iuppiter ultimam,
Quae nunc oppositis debilitat pumicibus mare
Thyrrhenum, sapias, vina liques et spatio brevi
Spem longam reseces. Dum loquimur, fugerit invida
Aetas: carpe diem, quam minimum credula postero.

PARA LEUCONOE

Investigar não busques – é vedado saber –
Qual fim a mim, qual fim a ti
Darão os deuses, ó Leucônoe,
Nem os babilônios horóscopos[93] interrogues.
Quão melhor é tudo suportar!
Quer te concedido tenha Jove invernos muitos,
Quer o último (este seja),
Que em abruptas penhas o Mar Tirreno quebra,
Saboreia e coa o vinho
E esperança longa em exíguo espaço põe.
Enquanto falamos, ínvido o tempo fugido terá:
O dia aproveita, o menos possível confiante no amanhã.

---
[93] Literalmente, *números babilônios*, isto é, a numerologia dos caldeus.

AD DELIUM

Aequam memento rebus in arduis
Servare mentem, non secus in bonis
Ab insolenti temperatam
Laetitia, moriture Delli,

Seu maestus omni tempore vixeris
Seu te in remoto gramine per dies
Festos reclinatum bearis
Interiore nota Falerni.

Quo pinus ingens albaque populus
Umbram hospitalem consociare amant
Ramis? Quid obliquo laborat
Lympha fugax trepidare rivo?

Huc vina et unguenta et nimium brevis
Flores amoenae ferre iube rosae,
Dum res et aetas et Sororum
Fila Trium patiuntur atra.

Cedes coemptis saltibus et domo
Villaque, flavus quam Tiberis lavit,
Cedes, et exstructis in altum
Divitiis potietur heres.

Divesne prisco natus ab Inacho
Nil interest an pauper et infima
De gente sub divo moreris,
Victima nil miserantis Orci;

Omnes eodem cogimur, omnium
Versatur urna serius ocius
Sors exitura et nos in aeternum
Exilium impositura cumbae.

PARA DÉLIO

Ó Délio, à morte votado,
De manter lembra-te o ânimo sereno
Nas circunstâncias adversas,
Como também, nas favoráveis,
Cauto (diante) da excessiva alegria,

Quer triste sempre tenhas vivido,
Quer no distante prado, reclinado,
Nos dias felizes tenhas
Com um bom e velho Falerno te regalado.

Para que o pinheiro ingente e o branco choupo
Amam hospitaleira sombra
Com os ramos formar?
Por que pelo regato serpenteante
A corrente linfa se esforça a murmurar?

Vinhos e perfumes e da grata rosa
As tão fugazes flores ali ordena levar,
Enquanto dinheiro e idade concederem,
E das Três Irmãs[94] os atros fios.

Aos bosques que compraste renunciarás,
À casa e à villa que o dourado Tibre
Banha renunciarás.
E das riquezas alto amontoadas
O herdeiro se apropriará.

Rico e do antigo Ínaco[95] nascido
Ou pobre, de classe ínfima
E ao relento habitando,
Nada importa, ó vítima do Orco[96] impio!

Todos ao mesmo (ponto) somos tangidos,
De todos, mais cedo ou mais tarde,
Na urna é lançada a sorte futura,
Que o eterno exílio da barca[97] nos imporá.

---

[94] As três Parcas.
[95] O mundo inferior, ou Ínferos.
[96] O primeiro rei de Argos, segundo a lenda.
[97] A barca de Caronte, que transportava os mortos para os Ínferos.

AD LICINIUM

Rectius vives, Licini, neque altum
Semper urgendo neque, dum procellas
Cautus horrescis, nimium premendo
Litus iniquum.

Auream quisquis mediocritatem
Diligit, tutus caret obsoleti
Sordibus tecti, caret invidenda
Sobrius aula.

Saepius ventis agitatur ingens
Pinus et celsae graviore casu
Decidunt turres feriuntque summos
Fulgura montes.

Sperat infestis, metuit secundis
Alteram sortem bene preaeparatum
Pectus. Informis hiemes reducit
Juppiter, idem

Summovet. Non, si male nunc, et olim
Sic erit: quondam cithara tacentem
Suscitat Musam neque semper arcum
Tendit Apollo.

Rebus angustis animosus atque
Fortis appare; sapienter idem
Contrahe vento nimium secundo
Turgida vela.

PARA LICÍNIO

Mais feliz, ó Licínio, viverás
Nem sempre o mar aberto procurando
Nem, enquanto, cauto, procelas temes,
Por demais à perigosa praia se achegando.

Quem quer (que) o dourado meio-termo ame
Salvo está das misérias de um teto derruído
E não carece invejar solar faustoso.

Com mais frequência pelos ventos
É abalado o pinheiro ingente,
As torres altas com maior estrago ruem
E os raios ferem os altos montes.

O coração bem preparado
Enfrenta os infortúnios
E nas calmarias sorte diversa teme.
Os duros invernos Jove traz
E ele próprio ir embora os faz.

Se ruim agora está,
Não assim no futuro será;
Às vezes a cítara desperta
A silente musa,
E nem sempre Apolo o arco retesa.

Animoso e forte
Nas situações difíceis sê;
E, sabiamente igual,
As enfunadas velas recolhe
(Quando) com vento a favor demais.

AD ARISTIUM FUSCUM

Integer vitae, scelerisque purus
Non eget mauris iaculis, neque arcu,
Nec venenatis gravida sagittis,
Fusce, pharetra,

Sive per Syrtes iter aestuosas,
Sive facturus per inhospitalem
Caucasum, vel quae loca fabulosus
Lambit Hydaspes.

Namque me silva lupus in Sabina,
Dum meam canto Lalagen, et ultra
Terminum curis vagor expeditis,
Fugit inermem:

Quale portentum neque militaris
Daunias latis alit aesculetis,
Nec Iubae tellus generat, leonum
Arida nutrix.

Pone me pigris ubi nulla campis
Arbor aestiva recreatur aura,
Quod latus mundi nebulae, malusque
Iuppiter urget;

Pone sub curru nimium propinqui
Solis, in terra domibus negata:
Dulce ridentem Lalagen amabo,
Dulce loquentem.

PARA ARÍSTIO FUSCO

Aquel 'd'íntegra vida e de crimes limpo
De mouros dardos não carece, ó Fusco,
Nem de arco, nem de aljava
De envenenadas setas plena,

Seja pelas ardentes Syrtes,
Seja pelo inóspito Cáucaso a caminhar,
Ou pelas plagas que o fabuloso Hydaspes banha.

Pois enquanto pela floresta de Sabina
Minha Lalinha canto
E, de cuidados olvidado,
Da propriedade os lindes ultrapasso,
De mim, desarmado, fugiu o lobo.

Tal portento nem a marcial Dáunia
Em seus vastos azinhais produz
Nem de Juba apresenta a pátria terra,
De leões árida nutriz.

Suponha a mim em estéreis campos
Onde nula árvore por estival brisa
É reavivada, porção do mundo
Que o nevoeiro e o mau tempo açoitam;

Suponha a mim do carro do Sol
Por demais próximo, em desertas plagas:
Amarei Lalinha, docemente a rir,
Docemente a falar.

OVÍDIO

METAMORPHOSES

Iamque opus exegi, quod nec Iovis ira nec ignis
Nec poterit ferrum nec edax abolere vetustas.
Cum volet illa dies, quae nil nisi corporis huius
Ius habet, incerti spatium mihi finiat aevi;
Parte tamen meliore mei super alta perennis
Astra ferar, nomenque erit indelebile nostrum;
Quaque patet domitis romana potentia terris,
Ora legar populi; perque omnia saecula, fama,
Si quid habent veri vatum praesagia, vivam.

TRISTIA I, 3, 1-6

Cum subit illius tristissima noctis imago
Qua mihi supremum tempus in Urbe fuit,
Cum repeto noctem, qua tot mihi cara reliqui,
Labitur ex oculis nunc quoque gutta meis.
Iam prope lux aderat, cum me discedere Caesar
Finibus extremae iusserat Ausoniae.

AS METAMORFOSES (final)

Já uma obra construí
Que nem de Jove a ira nem o fogo,
Nem o ferro nem a corrosiva idade
Demolir poderá.
Quando aquele dia chegar
Que só sobre este corpo império tem,
Da incerta vida o tempo me findará.
A parte melhor de mim, porém,
Aos supernos astros, perene, elevarei
E indelével nosso nome será.
Por onde quer que, às terras submetidas,
De Roma o poder se revelar,
Pela boca do povo lido eu serei.
E se dos áugures os oráculos
De verdade algo têm,
Por todos os séculos pela fama viverei.

TRISTES I, 3 (final)

Quando (à mente) me vem
A tristíssima lembrança
Da noite aquela
Que para mim em Roma
A última foi,
Quando a noite recordo
Em que tantas coisas
A mim caras deixei,
De meus olhos cai
Uma lágrima agora.
O dia já raiara
Em que Cesar
Dos confins da Ausonia[98]
A fronteira cruzar ordenara.

---

[98] Itália.

EPISTULAE EX PONTO III, 7

Ductus ab armento taurus detrectat aratrum,
Subtrahit et duro colla novella iugo.
Nos, quibus adsuevit fatum crudeliter uti,
Ad mala iam pridem non sumus ulla rudes.
Venimus in geticos fines: moriamur in illis,
Parcaque ad extremum, qua mea coepit, eat.

HEROIDES

Accipe, Dardanide, moriturae carmen Elissae;
Quae legis, a nobis ultima verba legis.
Sic ubi fata vocant, udis abiectus in herbis
Ad vada Maeandri concinit albus olor.

CARTAS DO PONTO III, 7

Do rebanho retirado,
Rejeita o touro o arado
E ao duro jugo
A jovem cerviz se furta.
Nós, a quem
O fado cruel abateu,
A mal nenhum há muito
Estranhos já não somos!
Dos citas às terras chegamos,
Nelas então que morramos!
E que a Parca minha
Ao desfecho conduza
O que começou!

HEROIDAS (carta de Dido a Enéas)

De Elissa, a morrer fadada,
O canto ouve, ó Dardânida:
As que lês, de nós as derradeiras palavras lês,
Assim (como), quando os fados chamam,
Do Meandro às margens
Nas úmidas folhagens
Oculto canta o alvo cisne.[99]

---
[99] Antes de morrer.

HOELDERLIN

DIE HEIMAT (2. Fassung)

Froh kehrt der Schiffer heim an den stillen Strom,
Von Inseln fernher, wenn er geerntet hat;
So käm auch ich zur Heimat, hätt ich
Güter so viele, wie Leid, geerntet.

Ihr teuern Ufer, die mich erzogen einst,
Stillt ihr der Liebe Leiden, versprecht ihr mir,
Ihr Wälder meiner Jugend, wenn ich
Komme, die Ruhe noch einmal wieder?

Am kühlen Bache, wo ich der Wellen Spiel,
Am Strome, wo ich gleiten die Schiffe sah,
Dort bin ich bald; euch, traute Berge,
Die mich behüteten einst, der Heimat

Verehrte sichre Grenzen, der Mutter Haus
Und liebender Geschwister Umarmungen
Begrüss ich bald, und ihr umschliesst mich
Dass, wie in Banden, das Herz mir heile.

Ihr treugegliebnen! aber ich weiss, ich Weiss,
Der Liebe Leid, dies heilet so bald mir nicht,
Dies singt kein Wiegensang, den tröstend
Sterbliche singen, mir aus dem Busen.

Denn sie, die uns himmlische Feuer leihn,
Die Götter, schenken heiliges Leid uns auch,
Drum bleibe dies. Ein Sohn der Erde
Schein ich; zu lieben gemacht, zu Leiden.

TERRA NATAL (2ª versão)

Alegre, das ilhas distantes, à casa retorna o barqueiro
Na calma corrente, já tendo ceifado;
Quem dera também ao lar assim eu tornasse,
Prazeres e dores em partes iguais colhido tivesse.

Vós caras ribeiras que me outrora formaram
Me prometeis acalmar as penas de amor?
Vós bosques da infância se eu tornar me dais
A promessa da paz reencontrar?

Junto ao fresco regato em que via as ondas brincar,
E na corrente os barcos singrar,
Ali em breve estarei; a vós montes amigos
Que outrora refúgio me fostes,

Venerados, seguros limites da terra natal,
A casa materna, e de amados irmãos os amplexos
Em breve os hei de encontrar, e por vós abraçado serei,
Para que assim convalesça envolta minh'alma.

Mas eu sei, eu sei, das penas de amor
As cicatrizes me tardas serão;
Pois em meu peito não cantam canções de ninar
Que em consolo entoam os mortais.

Pois eles, que a celestial chama nos cedem,
Os deuses, também nos impõem a sagrada dor.
Lá fiquem! Um filho da terra eu sou;
Para amar feito, para sofrer.

Conheça a Série Básica

Uma nova linha de publicações, constituída por textos de formação, informação e lazer destinados a professores, estudantes e público em geral.

Dedicada a obras das áreas de CIÊNCIAS HUMANAS – como história, política, economia, pedagogia, artes etc. – e da literatura clássica e moderna, a SÉRIE BÁSICA tem um projeto editorial adequado, que reúne visual agradável, conteúdo de alto nível e preço acessível, entrando assim em um segmento que, com raras exceções, tem recebido pouca atenção das editoras brasileiras em anos recentes.

A linguagem humana é, basicamente, um código, cuja matéria é o som e cujo objetivo é transmitir informação. Um som ou conjunto de sons deve conter sempre a mesma informação. Se não for assim, o código deixa de existir, pois sua função, que é a de transmitir informação, não se realiza. Nesta obra, o autor mostra porque o ensino da língua no Brasil transformou-se em uma Babel. Este volume da Série Básica é destinado a professores, estudantes e público geral.

Linguagem, Poder e Ensino da Língua
J. H. Dacanal
18x12cm / 116 págs.

Escutar música quando se conhece os compositores e as suas biografias ganha novo significado. Nesse livro da Série Básica destinada a professores, estudantes e público geral, os leitores são apresentados aos mais destacados compositores europeus do período pós-renascentista e suas obras.

O Coração da Música
Paul Trein
18x12cm / 144 págs.

Reunindo alguns dos mais importantes e contundentes ensaios sobre literatura e cultura publicados no Brasil na segunda metade do século XX, ERA UMA VEZ A LITERATURA, de J.H. Dacanal, tornou-se um clássico, tal como LINGUAGEM, PODER E ENSINO DA LÍNGUA e O ROMANCE DE 30, que agora também integram a SÉRIE BÁSICA, da Editora BesouroBox.

Era uma vez a literatura
J. H. Dacanal
18x12cm / 248 págs.

O romance de 30
J. H. Dacanal
18x12cm / 248 págs.

A ficção brasileira, mais especificamente o romance, está, tanto em quantidade quanto em qualidade, entre as mais importantes do Ocidente. Apesar de surgir tardiamente – por volta de meados do séc. XIX –, ela se desenvolveu em vários ciclos importantes.

Um dos mais característicos destes ciclos é o do romance de 30. Nesta obra, hoje clássica, J.H.Dacanal, em primeiro lugar delimita, com o rigor possível, o conceito de romance de 30, que há muito tornou-se corrente em manuais e ensaios sobre a produção literária no Brasil.